ars vivendi

Klaus Schamberger
Ich bitte um Milde

Band 2 – 60 neue Gerichtsglossen

ars vivendi

Originalausgabe

2. Auflage Juni 2019
1. Auflage April 2018
© 2018 by ars vivendi verlag
GmbH & Co. KG, Cadolzburg
Alle Rechte vorbehalten
www.arsvivendi.com

Umschlaggestaltung: Karin Roth,
nach Motiven von Toni Burghart
Typografie und Ausstattung: ars vivendi
Druck: CPI books GmbH, Leck
Gedruckt auf holzfreiem Werkdruckpapier
der Papierfabrik Arctic Paper

Printed in Germany

ISBN 978-3-86913-879-4

Ich bitte um Milde

Band 2

Inhalt

Der falsche Onkel Ludwig 11

Der Raub der Gänseliesl 14

Wer war der Lippenstift-Schmierer? 17

Entführung eines Facharbeiters 20

Striptease vor der Wirtshaustür 23

Der Kirschkerngrapscher 26

Saure Wanderniere mit Betonkloß 29

Die Arschbomben-Meisterschaft 32

Tumult vor der Aborttür 35

Der zwangsernährte Missionar 38

Der beste Elvis-Imitator des Universums 41

Der kürzeste Apfelbaum des Universums 44

Der Zwinkerer und sein Kurschatten 47

Ein Kiebitz mit Raucherhusten 50

Frieda, der Toilettenschreck 53

Der Extrem-Stuhlhupfer 56

Der Parkhaus-Depp 59

Die Geisterhand unter der Abortwand 62

Das Schlossgespenst und sein Enkelsohn 65

Wie der Dieter einmal einen Holzdieb überführt hat 68

Das Schaschlikessen auf der Pyramide 71

Der pädagogische Papagei 74

Sexismus jetzt auch im Supermarkt 77

Willy, der Trockenhaubentaucher 80

Wie verfasst man ein Arbeitszeugnis? 83

Das falsche Elflein 86

Sigi Grimms Märchen 89

Schuttrutsching, die neue Fun-Sportart 92

Wenn der Wein korkelt 95

Obacht, auch ein Efeu hat Ohren! 98

Trinken auf Rädern 101

Die chinesische Aufbauanleitung 104

Der Kalchreuther Bier-Geysir 107

Die Briefkastenkackerbande 110

Wenn es dem Florian fünfzehnmal kommt 113

Verkaufsgespräche mit der Teflonpfanne 116

Die Anna und ihr heiliger Salmiakgeist 119

Die mittelfränkische Wurstvielfalt 122

Dreißigfacher Pizza-Missbrauch 125

Ein Architekt auf Himmelfahrt 128

Der heimatlose Bereichsleiter 131

Kloß mit Chili-Soß 134

Kein Freispruch für die Freisprechanlage 137

Spargelsud und Bier und Schnaps 140

Zahn um Zahn ... 143

Großvaters Diskothekenbesuch 146

Andreas, der Amoktaucher 149

Heinz, der Hüpfburg-Plattmacher 152

Der Nachthemdkrieg 155

Ein Schuhschränklein auf Himmelfahrt 158

Wie man einen Wasserfall erzeugt 161

Der Geheimdienst hinter der Mauer 164

Drei Tropfen täglich 167

Meuterei im Personenschifffahrtshafen 170

Werner, der Wackel-Dackel 173

Treffer, versenkt 176

Wilhelm, der Disco-Saurier 179

Wenn ein Mondkalb Zehennägel schneidet 182

Das eierlikörflaschenförmige Gewissen 185

Roh zu sein, bedarf es wenig 188

Der falsche Onkel Ludwig

Jetzt, nach Ausbruch des Fäißbuck-Zeitalters, kann es schon einmal vorkommen, dass zu einer Familienfeier zusätzlich zu den 20 eingeladenen Gästen noch circa 20 000 weitere Teilnehmer erscheinen. Diese sind dann meist nicht direkt persönlich eingeladen, sondern sowas ähnliches wie downgeloadet. Uneingeladene Gäste gibt es aber auch ohne Fäißbuck.

Herr Max S., ein namhafter Vertreter jener Neben-erwerbs-Nassauer und Mitesser, ist jetzt wegen vorsätz-lichen Einschleichens in eine Hochzeitsfeier vor Gericht gestanden. Selbstverständlich unschuldig. Und zwar ungefähr genau so unschuldig, wie er schon mehrfach einschlägig vorbestraft war, unter anderem wegen irr-tümlichen Übernachtens in einem unbezahlten Hotel-zimmer in Tateinheit mit Brunch-Betrug. Bei dem Brunch-Betrug ist es um den Schmuggel kostbarster Lebensmittel mittels einiger mitgeführter Tupper-Schüs-seln gegangen. Jetzt um das rätselhafte Verschwinden von zwei Briefumschlägen.

»Ich hob dermiid ibberhabbs nix zum Dun«, versi-cherte der Max dem Richter, »ich bin in däi Hochzeits-feier neikummer wäi es Kind in die Jungfrau, odder wäi mer dou sachd. Blouß wall anner vo däi Gnaller gmaand hodd, ich bin der Onkl Ludwich, den wou ich ibberhabbs nedd kenn. Geschweiche denn, dass ich der Onkl Lud-wich bin!«

Der geheimnisvolle Zusammenhang zwischen einem Onkel Ludwig und dem Max erschließt sich erst, wenn man weiß, dass der »ursprüngliche« Max – zufällig oder auch nicht – damals an dem Haus mit der Hochzeits-feier vorbeigekommen ist. Und angeblich habe ihm dort jemand plötzlich zugejubelt: »Ja dou schau her! Edzer kummd der Onkl Ludwich!« Und bevor er erklären habe können, dass es sich bei ihm in keiner Weise um einen Onkel Ludwig handle, sei er bereits mit einem Glas Prosecco in der rechten und einem Pappdeckeltellerlein voll ziemlich ungenießbarem Fingerfood in der linken Hand im Wohnzimmer gestanden. Allenthalben sei auch da wieder und wieder der Ruf erschollen »Der Onkl Ludwich is dou, der Onkl Ludwich is dou!«

»Ja, dou konnsd doch nou denni Laid nedd die Freid verderm, odder?!«, sagte der Max in der Verhandlung. »Und nou hobbi hald in Onkl Ludwich gmacht. Und nach suwos fünf odder acht Broseggo und a boor suu Moongdredzerla binni widder ganger. Des woor alles, Herr Richter.«

Gemäß Anklage war das aber bei Weitem noch nicht alles. Erstens soll ihn damals kein Mensch in freudiger Erregung als einen Onkel Ludwig begrüßt haben, zweitens gebe es in der gesamten Verwandtschaft von Braut und Bräutigam keinen Onkel Ludwig, drittens habe er sich selber als Onkel Ludwig vorgestellt. Und viertens sei er zur Prosecco-Einnahme stets auffällig nahe am Geschenktisch des Hochzeitspaares gestanden.

Dort sind nach übereinstimmender Aussage einiger Zeugen ursprünglich drei Briefumschläge gelegen. Nach dem eher stillen Abschied vom Onkel Ludwig hat sich am Gabentisch aber nur noch ein einziges Kuvert befunden, in dem ein Gutschein gesteckt ist für den Besuch eines Konzerts der Nürnberger Symphoniker. Jetzt hielt ihm der Richter folgenden angenommenen Tathergang vor: »Sie hom die Briefumschläge untersucht, die zwei mit insgesamt 500 Euro drin hom S' eingschdeckt, und die Eintrittskarten für die Symphoniker hom S' lieng lassn.

Weil so Leut wie Sie keinen Sinn für Intresse vo irchndwos hom! Vo Kunstgenuss scho glei goornedd!« – »Des nehmer S' zrigg, Herr Richter«, wütete der Max alias Onkel Ludwig, »wall, wenn ich die Kuwerddn ibberhabbs gseeng hädd und ich hädd rein deoredisch neigschaut – des Geld hädd ich nie im Leem gnummer! Allerhäigsdns die Eintrittskarten fiir die Sümbfononinger Dinger odder wäi däi hassn. Also rein deoredisch, nä. Bragdisch hobbi ibberhabbs nix gnummer, blouß dass Sie's wissen!«

Und wieso dann nach seiner Festnahme ganz genau 500 Euro in Scheinen in seinem rechten Schuh gefunden worden seien? »Froong S' doch nedd suu bläid! Wallis in linken Schouh nedd neibrachd hob! Graizkiesldunnerwedder numol nei! Weechern Broseggo, wou i in der Händ g'habt hob!«

Nach dem unerwarteten Geständnis ist der falsche Onkel Ludwig zu vier Monaten ohne Bewährung verurteilt worden. Außerdienstlich wollte der Amtsgerichtsrat nur noch wissen, wie der Max damals die Hochzeitsfeier ausgekundschaftet habe. »Ganz eimbfach, Herr Richter. Dou gäihd mer in die Kirch, und wenn die Hochzeit rum is, froochd mer, wo dass gfeierd werd, und nou gäihd mer hii. Wenn Sie's aa amol brobiern wolln – die Hälft vo die Kuwerddn g'herrn obber nou mir, gell!«

Der Raub der Gänseliesl

Der Sinn der menschlichen Existenz auf Erden besteht bekanntlich darin, dass man schöne Sachen kauft und sammelt und diese daheim stapelt. Der freiberufliche Süßwarenvertreter Heinz R. und seine Frau Karola sind dieser Sinnerfüllung in 22 Jahren Ehe zufriedenstellend nachgekommen. Zum Beispiel stehen freie Sitzplätze für den eigenen Hintern in ihrem Häuschen nur dann zur Verfügung, wenn man Stofftiere, Puppen, Trockenblumengebinde, Schnitzereien aller Art, Kuhglocken, historische Trachtenhüte, Plastikhunde, Filzhüte und so weiter für die Dauer des Hinsetzens einstweilen in den Händen hält.

Gerichtlich ist jetzt festgestellt worden, dass sich die Liste des Sachen über alles schätzenden Ehepaares ohne Weiteres mit jedem Geschenkladen- und Baumarktkonzern messen kann. Allein der Ehemann Heinz R. sammelt Bierkrüge, Bierfilzla, Bierflaschen, Streichholzschachteln, Akkubohrer mit und Akkubohrer ohne Akku, Reagenzgläslein mit Sandproben der heimgesuchten Urlaubsstrände, Schrauben, Nägel, Dachpappe, Schnellbeton, Laminatbretter, Hirschgeweihe, Bronzestatuen, ausgestopfte Singvögel, Streugut und Marmeladengläser mit Muscheln aller Weltmeere, um nur eine kleine Auswahl aus dem Fundus des Graffl-Museums zu nennen.

In der Verhandlung ist es um zwei ebenfalls sehr interessante historische Gegenstände gegangen, um eine circa 20 Jahre alte Hilti-Schlagbohrmaschine und um die Hummelfigur »Gänseliesl«. »Also mir hom ja unser Haisla verkaafn wolln«, sagte der Heinz, »und einen Käufer hommer scho g'habt. Obber der hodd unser Haus bragdisch netto gwollt, also ohne Inhalt, nä. Und nou hom mir einen Garaaschenverkauf gmachd.«

Für ihren Garagenverkauf hätten die Eheleute R. eigentlich ein ganzes Parkhaus gebraucht, aber für einen kleinen Teil der Sammlung hat es gerade so gereicht. Interessenten sind damals auch erschienen. Unter ihnen der Hummelfigurensammler Willy L. Zielsicher hat er aus dem riesigen Müllmuseum die wunderbare Gänseliesl rausgezogen. »Wos soll nern däi kostn?« – »Wenn S' is ganz schnell miidnehmer«, hat der Heinz hinter einem zwei Meter hohen Stapel Tapetenrollen vorgestöhnt, »an Zehner.« In freudiger Erregung hat der Willy die 10 Euro entrichtet und sich gerade mit der Gänseliesl davon machen wollen – als Frau Karola R. in der Garage aufgetaucht ist, mit dem Entsetzensschrei auf den Lippen: »Wos isn dou los? Brennt Ihner gwiss aweng der Kiddl?! Mei Gänseliesl! Däi bleibt dou! Ich glaab, ihr schbinnd alle zwaa aweng!« Und dann hat sie Herrn Willy L. die Porzellanfigur wieder entrissen. »Obber ich hobs doch scho zahlt g'habt«, sagte der Willy jetzt in der Verhandlung, »nou hodds mer doch aa g'herrd, odder? Und wäi ich dera Frau mei Gänseliesl widder wechnehmer hob wolln«, fuhr er fort, »dou sachds, ich soll an Moment warddn. Ich gräich fiir mein Zehner wos vill Bessers.«

Wenige Minuten später ist die Karola wieder erschienen und hat dem Hummelfigurensammler eine zwar alte, aber nahezu unbenutzte Schlagbohrmaschine in die Hand gedrückt. »Da, däi Hilti dou, däi kenner S' miidnehmer.« Und dann schon wieder ein durch Mark und Bein dringender Hilfeschrei: »Wos is los?! Mei Hilti? Unter keinen Umständen wird däi verkaffd. Hosd du aweng zer haaß boodn, odder wos?! An wildfremdn Moo gebersd du mei Hilti! Fiir an Zehner! Wo hosdn däi ibberhabbs gfundn? Ich hobs doch extra verschdeckd g'habt.« Wahrscheinlich wird der Heinz seine über alles geliebte Hilti-Schlagbohrmaschine eines Tages nach Art der ägyptischen Könige mit ins Grab nehmen wollen. Ähnlich wie die Karola ihre Gänseliesl.

Soweit ist damals alles geklärt gewesen. Blöd ist es nur für den Willy ausgegangen, der für zehn Euro jetzt weder eine Hummelfigur noch eine Hilti erhalten hat, sondern praktisch nix. »Ich hob nou«, sagte er, »der Frau die Gänseliesl widder wechgnummer. Und dou derbei is am Garaaschnbuudn noogfluung und woor hii.« Der Richter entschied jetzt, dass der Kauf der Gänseliesl damals rechtens gewesen sei. Auch sei sie nicht zehn, sondern mindestens 150 Euro wert.

Im Namen des Volkes müssen die Karola und der Heinz diese Summe dem Willy zurückzahlen. Zusätzlich wurde die Karola zu einer Geldbuße von 500 Euro verurteilt. Außergerichtlich erkundigte sich der Willy, ob er jetzt wenigstens die Hilti-Schlagbohrmaschine in Besitz nehmen könne. »Mei Hilti?«, zischte der Heinz, »nie im Lebm! Wassd du, wos du hoom konnsd? Einen aldn Oorsch konnst du hoom! Und zwar den vo der Gänseliesl ...«

Wer war der Lippenstift-Schmierer?

Neben dem Mars, dem Gottesteilchen und den Tarifzonenpreisstufen der Nürnberger Verkehrsaktiengesellschaft gibt es noch zahlreiche weitere Phänomene, die einer letztlich endgültigen Erforschung harren. Etwa die Frage, warum in den meisten Parkhäusern im Erdgeschoss ein sogenannter Frauenparkplatz jegliche Gleichberechtigungsbemühungen zunichtezumachen scheint. Leiden Frauen mehrheitlich an chronischer Aufzugphobie, an stets akutem Zeitmangel oder im zweiten Parkdeck an Höhenangst? Die Wissenschaft wird es womöglich dereinst an den Tag bringen.

Bis dahin gibt es aber immer wieder einmal uneinsichtige Zuwiderhandler gegen das Frauenparkplatzgebot. Jetzt erst wieder der polizeibekannte Wildparker Josef H. Sein soundsovielter und unter Umständen letzter Verstoß gegen weibliche Privilegien hat es zu juristischen Ehren gebracht.

Im Zug der drohenden Osterfeiertage ist der Josef damals mit seinem geländegängigen Personen-Panzer, nächste Konfektionsgröße ein Omnibus, zügig in einen solchen Frauenparkplatz eingeschert, knapp hinter ihm Frau Renate S. in ihrem kleinen weißen Straßenmäher. »Und wäi ich ausschdeich«, erinnerte sich der Josef vor Gericht, »is däi affern Millimeter ungefähr aff mich draff gfoohrn, is auch ausgstieg und bläkt mich vielleicht oo! Ich hobs obber nedd gscheid verstandn. Irchndwie, ob ich vielleicht eine Frau mit Analfett bin odder wos.« Da fuhr die angeklagte Renate dazwischen: »So ein blödes Gwaaf! Analfett! Ich hob den Moo in aller Ruhe gfroochd, ob er entweder eine Frau is, waller dou bargd, oder ein Analphabet. Dasser vielleicht des ›Frauenparkplatz‹ nedd lesen konn.« Die Renate ist damals mit ihrem Kleinstwagen hinter dem Josef seinem Giga-Pkw stehen geblieben und mit den Worten »Edzer kenner S' dou middn Nausfoohrn warddn, bis schwarz wern« in Richtung Ausgang verschwunden. Der Josef hat sich, Ungemach ahnend, die Autonummer notiert, seine Ostereinkäufe erledigt und ist ungefähr nach eineinhalb Stunden zurückgekommen.

»Ich hob mi scho gwundert«, sagte er, »dass mi dera Frau ihr Schbodzerla nimmer blockiert hodd. Obber wäi ich nou näher zu mein Auto hiikummer bin, wos maaner S', Herr Richter, wos dou aff mein Rückfenster gschdandn is?« Der Richter wusste es schon aus den Akten: In unübersehbaren, ziemlich fetten, lilasignalfarbenen Großbuchstaben hat dort das schöne Wort »Arschloch« geprangt, mit drei Ausrufezeichen. Völlig klar für den Josef: Die keinesfalls an Analfettismus leidende Frau Renate S. hat das »Arschloch« mittels eines Lippenstiftes vollkommen fehlerfrei aufs Heckfenster geschrieben. Also ist der Josef mit seinem Panzerkreuzer auf die nächste Polizeiwache gedüst. »Dou hobbi nocherdla aa nu ziemliche Probleme gräichd. Ich zeich den Bolli mei Rückfenster mit den ›Arschloch‹ draff. Und wie ich den frooch, wos er dou derzou sachd, dou hodd der scheint's oognummer, ich maan ihn mit den Oorschluuch. Und wie ich ihn obber erglääard hob, dass nerdirli nedd er es Oorschluuch is, sondern ich – nou sachd der Bolli zu mir: ›Wenn Sie a Oorschluuch sin und schreim S' aff Ihr Auto draff – wo issn nou dou es Problem?‹ Und nou is er widder ganger.«

Erst nach längeren Verhandlungen ist dann die Anzeige gegen die Renate doch noch bearbeitet worden. Jetzt ist es aber zu einem weiteren Problem gekommen, indem die Renate unerschütterlich dabei geblieben ist: »Ich woors nedd. Ich hob kann lila Libbmschdifd. Dou kenner S' mein Moo froong.« Im Übrigen sei ihr ein »Arschloch« infolge ihrer Vornehmheit noch niemals über die Lippen gekommen. »Ja, des glaab i scho«, bfobferte der Josef, »des glaab i scho, dass Ihner nu nie Ihr Oorschluuch über die Libbn kummer is. Der basserd ja dou goornedd durch. Obber mit der Händ hom Sie's hiigschmiert!« Für diese anatomischen Exkurse musste der Josef eine Ordnungsstrafe entrichten. Und sich zudem noch den Vorwurf gefallen lassen, dass er ja selber das »Arschloch« mit drei Ausrufezeichen auf sein Heckfenster gepinselt haben könnte. Als Mitteilung an die Renate für den Fall, dass sie geruht, ihr Schbodzerla hinter dem Josef seinem Off-Road-Kübel doch noch zu entfernen. Gemäß einer kriminaltechnischen Untersuchung ist das »Arschloch« nämlich nicht mit einem Lippenstift aufgetragen worden, sondern mit einem dicken Signalfilzschreiber. Jedenfalls hat es für die Renate sehr zufriedenstellend geendet, sie ist freigesprochen worden. Weniger zufriedenstellend: Warum es Frauenparkplätze gibt, eines der letzten großen Welträtsel, blieb ungeklärt. Die Justiz kann viel auf dem Gebiet der Gerechtigkeit, aber nicht alles.

Entführung eines Facharbeiters

Momentan herrscht ein großes Rätselraten um den Facharbeitermangel. Mangel hätten wir in Hülle und Fülle, aber keine Facharbeiter. Verschiedentlich wird gemutmaßt, dass dieser Facharbeitermangel seinen Ursprung im Nichtausbilden von Facharbeitern haben könnte. Eine andere Ursache kann aber auch sein, dass manche Benützer von Facharbeitern diese begehrten Spezialisten irrtümlich für Zwangsarbeiter halten. Wie im Fall des Schreinermeisters Markus L.

Unter anderem fertigt der Markus sehr schöne Haustüren an, müsste für diese Produktion infolge des Facharbeitermangels aber an geeigneter Stelle beantragen, dass für ihn ein Arbeitstag 48, wenn nicht sogar 96 Stunden währt. Sein Seufzen um eine Vervierfachung der Tageszeit ist aber noch nicht erhört worden, sodass einer seiner Kunden, Herr Udo K., seit einem Dreivierteljahr auf eine neue Haustür gewartet hat.

»Meistens«, äußerte sich der Udo jetzt vor Gericht, »meistens hodder einen Magen-Darm-Firus g'habt, wennin gfrouchd hob, wo dass mei Haustür bleibt. Zwischnnei aa amol einen Migräne-Anfall odder a Meniskusoperation odder Hühnergrippe odder Rindermumps, odder er hodd si grood widder amol an Finger wechgsäächd g'habt.« Eines Tages aber, wie der Udo schon niemals mehr mit einer neuen Haustür gerechnet hat, jedenfalls nicht mehr in diesem Leben, hat der Schreinermeister Markus L. – wie durch ein Wunder von all seinen Verwundungen und Epidemien genesen – angerufen: »Ihr Tür is ferddich. Morng kumm i und baus ei.« Vor Freude hat der Udo ein Fläschlein Prosecco einlaufen lassen, einen Tag Urlaub genommen und am andern Vormittag die alte Haustür aus den Angeln gehoben und sie zum Recyclinghof auf den Haustürenfriedhof gebracht.

»Um elfer«, sagte er jetzt vor Gericht, »hodd unser Schreiner gsachd, dasser kummd. Also fräih ummer elfer. Ab zehner hobbi aff ihn gwardd. An der Haustür, wo obber ka Haustür mehr da war.« Um elf Uhr ist sodann kein Schreinermeister Markus L. erschienen. Um zwölf Uhr auch nicht, wie auch nicht um 13, 14 oder 15 Uhr.

Sanft hat sich die Dämmerung über die Nordvorstadt gelegt, die ersten Sternlein haben, wie es im Gutenachtlied heißt, begonnen zu prangen. Aber von einer guten Nacht hat beim Udo nicht im Entferntesten die Rede sein können. »Wall – mir hom ja ka Haustür mehr am Haus g'habt, nä. Häddi glei a Schild ba uns hiihänger kenner ›Liebe Ganoven, wenn ihr einbrechen wollt, bei uns geht es heute ganz einfach, die Tür is nicht nur offen, sondern überhaupts nicht da und liegt noch in der Werkstatt.‹ Seid fräih ummer Zehner binni ba uns an der Tür g'hockt, Herr Richter! Zwischndurch hodd mer mei Frau immer wos zum Essn bracht und aweng wos zum Trinken.« Und etwa alle 30 Minuten hat er beim Schreinermeister angerufen, um jedes Mal den Worten zu lauschen: »Wir sind zurzeit nicht erreichbar, Sie können jedoch eine Nachricht hinterlassen …« und so weiter.

Einige Nachrichten hat der Udo hinterlassen; sie haben aus Worten bestanden wie Hundsgribbl, elendicher, dumme Sau, Betrüger, Drecksack oder Schreinermeister-Zibfl, verbrunster. Kurz vor Mitternacht sind dem Türwächter ohne Tür der Schimpfwortschatz und die Geduld ausgegangen. Mit einer Wut sondergleichen im Bauch und sieben bis acht Türwächterbieren im Blut hat er seine Ehefrau als Haustürwachtel eingeteilt, sich ins

Auto gesetzt und ist 20 Minuten später, kurz nach Mitternacht, an der Werkstatt und Wohnung seines säumigen Schreinermeisters angekommen. Unter Androhung von »Mordsdrimmer Fodzn«, wie sich der Markus erinnerte, hat er den im Tiefschlaf befindlichen Facharbeiter aus dem Bett in die Werkstatt gejagt, mit ihm die Haustür ins Auto gewuchtet und ist wieder gestartet.

»Kurz dernouch«, erinnerte er sich jetzt nebelhaft, »hom mi die Bolli oog'haltn. Däi hom mich gfrouchd, wos ich nachts ummer aans mit anner Haustür im Auto will. Und dann schreit der Depp vo Schreinermasder neber mir nu, dass er bragdisch entführt worn is. Homs mi nerdirli glei verhaft und zur Blutprobe miidgnummer.« Sinngemäß muss der Udo damals gebrüllt haben, dass er jetzt überhaupt keine Zeit für eine gschissne Blutprobe oder eine vorläufige Festnahme habe. Erst müsse das Rimbfiech von Schreinermeister bei ihm daheim die Tür einbauen, dann könne man über den weiteren Verlauf der Nacht reden. Aber die Beamten haben auf der Blutprobe bestanden. Für die dabei gemessenen 2,4 Promille, ein bisschen Widerstand gegen Vollstreckungsbeamte, Beleidigung und Entführung einer Haustür und eines Schreinermeisters haben sich jetzt sechs Monate mit Bewährung, 2 400 Euro Geldbuße und 15 Monate Führerscheinentzug ergeben. Nicht zu vergessen eine Ordnungsstrafe von 300 Euro, für die noch im Sitzungssaal geäußerte Bemerkung: »Wenigstens mei Haustür hodder mer am andern Dooch hiig'hängt, des Oorschluuch …«

Striptease vor der Wirtshaustür

Eine fränkische Wirtshauskommunikation hat früher nicht stattgefunden. Diese Art von Leutseligkeit gibt es erst seit dem Jahr 2008, seit dem Inkrafttreten des von einem gewissen Sebastian Frankenberger erwirkten gesamtbayerischen Nichtraucherschutzgesetzes. Seither tragen geübte Raucher ihr Bier bei Wind und Sauwetter vor die Wirtshaustür, stellen es am Fensterbrettla ab und zünden sich zitternd eine Selberdrehte an, sodass man nicht selten wähnt, ein Schwarm Glühwürmchen befände sich auf Betriebsausflug.

Und selbstverständlich sprechen die Angehörigen der Freiluftraucher-Kaste miteinander. Meist beginnt die Besprechung mit der interessanten Frage: »No, raung mer aa aweng?«, um mit der gesundheitspolitischen Feststellung zu enden, dass es sich beim Frankenberger um ein Drümmer Rimbfiech handelt, welches man im Fall einer persönlichen Begegnung eines Tages oder Nachts gscheit auf die rauchfreie Waffl haut. Bis sie ebenfalls brennt.

Eine anfangs ähnlich verlaufende Unterhaltung ist jetzt vor Gericht verhandelt worden. Zunächst ist der Informationstechniker Werner R. damals allein vor der Wirtshaustür in gierige Lungenzüge vertieft gewesen – und hat plötzlich seiner sonst über alles geliebten Zigarette keinerlei Aufmerksamkeit mehr zuteil werden lassen können. Denn in der Wohnung gegenüber, im hell erleuchteten Erdgeschoss, hat sich eine ansehnliche Dame für die Nacht gerichtet. Der Werner ist bereits hechelnd auf den Zehenspitzen gestanden, als der nächste Raucher, ein Herr Heinz S., die Smoking-Zone betreten hat. Das sich sodann ergebende Zwiegespräch hat jedoch nicht vom

Wetter, vom Freilandzwangsrauchen oder vom Frankenberger gehandelt, sondern von der Darbietung im Parterre auf der anderen Straßenseite.

»Obacht!«, hat der Werner seinem Mitraucher ins Ohr gezischt und ihm beim Feuergeben vor lauter Aufregung fast die Nase in Brand gesetzt, »Obacht! Edzer douds in BH roo! Leck mich am Oorsch, hodd däi Alte Drimmer Dinger. Des siggsd aa nedd alle Dooch!« Um dann fortzufahren: »Und einen Slibb hodd däi Dreegsau oo! Ja, gräiß di Gott! Der hodd si ja ganz in Oorsch neizuung. Hoffendli douds den aa nu roo. Also nedd in Oorsch – in Slibb.« Und fast gleichzeitig mit der inbrünstig gestöhnten Hoffnung auf das Fallen der letzten Hülle, sofern man bei dem Slip überhaupt von Hülle sprechen hat können, ist auch der Nachbar in die Kommunikation eingetreten. »Du Wilzau, du elendiche!«, hat er gebrüllt, »dreh di edzer bloß rum und schau wech! Des is mei Frau!«

Hat die Betonung bei den Worten »mei Frau« zu wünschen übrig gelassen? Hat es der Werner infolge der begreiflichen Erregung nicht ganz richtig verstanden? Jedenfalls hat er dem Heinz mitgeteilt, dass er jetzt, wo vermutlich gleich der Slip abgestreift wird, unter keinen Umständen woanders hinschaut. »Asuu a Gwaaf«, hat er dem Heinz zugeraunt, »mei Frau, dei Frau! Ich hobs als erschder gseeng! Hald dei Waffl! Schau läiber niiber! Edzer sichd mer scho die Oorschbackn.« Recht viel mehr als die erwähnten Oorschbackn hat der Werner dann aber nicht mehr erspechteln können. Höchstens zahlreiche Sternla. Und einen Wasserfall.

»Ich hob doch ibberhabbs nedd gwissd, wos los is«, sagte der Werner jetzt in der Verhandlung, »wall in den Moment, wo däi Frau ihrn Slibb roodou hodd wolln, in den Moment schüdd mir der Moo sei Bier iiber mich driiber, haud mer in Biergruuch am Kubf naaf, und wäi ich mich widder aufgrabbld hob, hodder mer nu einen deroordichn Oorschdridd geem, dassi iibern Randschdaa aff die Schdrass hiibrelld worn bin.« Der Werner hätte also wissen sollen, dass sein Raucherkollege direkt gegenüber von dem Wirtshaus wohnt, im Erdgeschoss, und dass es sich bei der Stripperin mit den Drümmer Dingern und den gerade aufgehenden Oorschbackn tatsächlich um dessen Ehefrau handelt. »Mei Frau«, erläuterte der Heinz dem Richter noch, »däi zäichd si sunsd nedd öffentlich aus. Bloß hodd däi an den Dooch unsere Vuurhäng in die Reinichung dou. Und des hodds scheint's vergessn g'habd.«

Und im Übrigen sei die Attacke mit dem Bierkrug und dem Tritt in den Hintern ein Versehen gewesen. »Wall der Moo is mer im Weech gschdandn, wäi ich niiber in unser Wohnung grennd bin und es Licht ausgmachd hob. Konn scho sei, dassin dou aweng umgrumbld hob.« – »Aweng arch umgrumbld«, fand der Richter, denn immerhin hatte der Werner ein blaues Auge, eine Gehirnerschütterung und eine Steißbeinschwellung erlitten, und es machte schließlich 2400 Euro. »Soong S' Ihrer Frau an schäiner Gruß, gell!«, gab der Werner dem Heinz noch mit auf den Heimweg. »Wenn s' widder die Vuurhäng in der Reinichung hodd, nou soll s' hald die Rolloo rooloun. Obber erschd, wenn s' middn Auszäing ganz ferddich is. Wall, in Oorsch hobbi nunni gseeng.«

Der Kirschkerngrapscher

Seit es im Fernsehen fast alle zwei Tage live übertragen wird, ist Spotzen wieder salonfähig. Bald werden die Moderatoren bei einem Fußballspiel vielleicht auch dazu übergehen, Größe, Konsistenz, Geschwindigkeit des jeweiligen Mundauswurfs bekannt zu geben, und welche Weite der jeweilige Profispotzer mit seinem hierorts »Kudderla« genannten Geschoß erzielt hat.

Bei jedermann scheint das öffentlich-rechtliche Spucken aber nicht beliebt zu sein, denn jetzt ist der Präzisions-Spucker Andreas L. vor Gericht gestanden. Vollkommen unschuldig, wie sich denken lässt. Zumal er damals bei seiner angeblichen Attacke auf die Consulting-Assistentin Heidi K. nicht einmal eine herkömmliche, natürliche Spucke als Munition verwendet hat, sondern lediglich Kirschkerne. Aber Frau Heidi K. blieb auch jetzt in der Verhandlung bei ihrer Beschuldigung: eine Sauerei hoch zwei.

Der Andreas sei damals am Ufer der Pegnitz über ihr gestanden, mit einer Tüte Kirschen in der Hand, und habe mit affenartiger Geschwindigkeit erstens die Kirschen in sich hineingeworcht und zweitens die Kerne mittels ruckartiger Bewegung von Kopf und Hals ausgespuckt, als sei sein Mund ein ballistisch hochentwickeltes Schnellfeuergewehr. »Ich bin unten aff der Bank g'hockt«, sagte die Heidi, »und dou sin die Kirschkern direkt runterbrassld auf mich. Und nou hobbi den Moo gfrouchd, ob er des dahamm aa suu macht, die Kirschkern ummernander schbodzn. Sachd der zu mir, naa, des machd er dahamm nicht suu, wall dou doud sei Frau die Kirschn vuurher entkernen.«

Zusätzlich soll der Andreas der Heidi noch das Angebot unterbreitet haben, sie könne den Rest der

Kirschn mittels geschicktem Zulln entkernen und sie ihm anschließend zum Verzehr reichen. Dann würde das Kernespotzen entfallen.

»Ja, konn scho sei«, fuhr das Opfer des Kernschnuppenbefalls fort, »dassi nocherdla zu ihn gsachd hob, er soll sei Maul haldn. Des wird mer ja nu soong derfn ba suu an saubläidn Gwaaf, odder?« Nach dem Vorschlag seitens der Heidi, dass der Kirschkernweitspotzer Andreas das Maul halten soll, ist es dann passiert. »Hodd der Moo mir zwaa odder drei Kirschkern direkt in Ausschnitt vo meiner Blusn neigschbodzd! Des mäin S' Ihner amol vuurschdelln, Herr Richter! Erschd zullders a halbe Stund in seiner Goschn rum, und nou schbodzder mers oomer in mein Ausschnitt nei! Also mich hoddsder vielleicht graust – direkt schlecht is mer worn.«

Wie der Racheengel persönlich ist die Heidi dann vor dem Schützenkönig gestanden und hat ihm zu seinem Volltreffer gut hörbar und anerkennend gratuliert: »Hom Sie in ledzder Zeit eine Gehirntransplantation g'habt odder wos?! Ihner brennt doch der Kiddl! Erschd wild in der Geengd ummernanderschbodzn, und dann mir aa nu in mei Dekolleté nei! Ich bin doch nedd Ihr Spucknapf! Bfui Deifl nu amol nei! Suu a Sau wäi Sie, däi g'herrd in Tiergarten! Vielleicht als Lama odder wos!«

Nach ihrem ersten Wutausbruch hat die Heidi vor sich hin gemurmelt, dass sie zu allem Überfluss jetzt auch noch die sorgfältig angeschnullten Kirschkerne aus der Bluse fischen muss. Die Äußerung hätte sie vielleicht besser unterlassen. Denn in dem Moment hat der mittelfränkische Weit- und Zielspotzmeister Andreas L. beweisen wollen, dass er durchaus auch ein Kavalier der alten Schule sein kann. Oder was er drunter versteht. »Des wer mer glei hoom«, hat er angekündigt und der

Heidi blitzschnell in die Bluse gelangt, angeblich, um die Kirschkerne aufzuspüren.

»Ja fraali«, wetterte die Heidi, »Kirschkern hodd der gsouchd! Dassi fei nedd einen Lachanfall gräich! Rumgriffld hodd der in meiner Blusen drinner, suwos hobbi ibberhabbs nunni derlebt! Wo der überall hiiglangt hodd – Kirschkern woorn des gwieß nedd!« Aber der Andreas blieb dabei: Er habe aus der Heidi nur die Kirschkerne entfernen wollen, an anderen Fundgegenständen sei er in keiner Weise interessiert gewesen. »Und warum«, fragte die Heidi, »warum hom S'n nou dauernd an meine Gnebberla rumgschraubt?!« – »Walli gmaand hob, des sin Kirschkern.«

Für das Spotzen wurde Herr Andreas L., ähnlich wie dauerspuckende Fußballspieler, nicht belangt, das Eintauchen in eine Bluse aber gilt entschieden als sexuelle Belästigung. Für die schüttete das Gericht drei Monate mit Bewährung und eine Geldbuße von 800 Euro aus. Und am besten sei es bei seinen Umgangsformen, riet ihm der Richter noch, vom Verzehr von Stein- und Kernobst in der Öffentlichkeit ab sofort abzusehen. »Mach i«, sagte der Andreas. Und mit einem langen Blick auf die Oberweite der Heidi: »Von Fallobst lass i in Zukunft aa die Finger.«

Saure Wanderniere mit Betonkloß

Im Großen und Ganzen ist die hiesige Gastronomie eine wohltuende Erscheinung, was aber nicht ausschließt, dass sich unter ihren Repräsentanten auch der eine oder andere Haubentaucher befindet. Wie zum Beispiel der Chefkéllner Frank K. Er selber hält sich höchstwahrscheinlich für die Krönung gaststättengewerblicher Etikette, der seinerzeitige Gast Gerd S. allerdings hält ihn mehr für einen Ausbund gastronomischer Unterbelichtung. Anders hat es sich der passionierte Wirtshausbesucher Gerd S. jedenfalls nicht erklären können, dass er an einem zunächst untadeligen, später aber sehr unerfreulichen Spätsommerabend mit einer hierorts häufig besser nicht gestellten Frage konfrontiert worden ist. Nämlich, ob es ihm gemundet habe.

In dem weit außerhalb jeglicher städtischer Gemarkung befindlichem Gasthaus sei er damals zum ersten Mal in seinem Leben eingekehrt, teilte der Angeklagte dem Richter mit. »Und dou kenner S' Gift draff nehmer, Herr Geheimrat, beziehungsweise Amtsgerichtsrat, hundertundbrozend auch es ledzde Mal.« Und eigentlich ist er bei seinem ersten Besuch auch nur durch die Speisenankündigung vor der Wirtshaustür angelockt worden, wo es geheißen hat: »Hausgemachte saure Nierla m. Semmlkl. 9,50«. Saure Nieren m. Semmelkl., heuzutage eine Rarität, isst der Gerd für sein Leben gern. Also nix wie nei, ein Nierla geordert sowie einen Schoppen Bacchus aus dem Gestüt derer von und zu Sowieso und dem Ober Frank K. betreffs dem Wein noch nachgerufen: »Wenn's gäihd, haid nu, ich hob einen Saudorschd! Und schäi kalt, gell!« Wie befohlen, ist der Bacchus noch am selbigen Tag serviert worden, etwa nach 20 Minuten, allerdings von der Temperatur her eher ein als vorweihnachtlicher

Glühwein einzustufendes Getränk. Und bereits noch einmal eine knappe halbe Stunde später haben vor dem vor Wut schon dampfenden Gerd die sauren Nieren ebenfalls gedampft – beziehungsweise hätten sie gedampft, wenn sie einigermaßen warm gewesen wären. »An Löffl vull hobbi gessn vo den Gschlooder«, erinnerte sich der Gerd jetzt in der Verhandlung. »Und des woors nou. Ungenießbar. Und den Semmlkloß hobbi in Ganzn lieng loun. Den hosd nicht ums Verreggn derschneidn kenner. – Ja und edzer kummds«, fuhr er fort, »Ich hob den Teller mid den sogenanntn Nierla bragdisch ungegessen affd Seiten gschuum. Und ich hädd nix gmachd. Wergli nedd! Drodz mein Nervnzusammenbruch. Blouß zoohld und ganz schnell ganger. Obber nou kummd der Gimbl vonnern Ober, machd eine Art Hofknicks vuur mir und frouchd mich ›Hat es Ihnen gemundet, der Herr?‹ Edzer soong S' doch selber, Herr Geheimrat – der hodd doch sei Hirn bam Metzger abgeem odder wos?! Froochd der mich, ob es mir gemundet hodd. Gemundet, gemundet! Nedd amol gearscht hodd mich der Fraß!«

Ähnlich vornehm ist es nach der Frage des Kellners damals im Gasthaus verlaufen. »Ob es mir *wos* hodd?!«, hat der Gerd auf die Frage nach dem Munden gebrüllt, »gemundet?! Simmer gwiss aweng a Breißnzibfl, hä? Und bläid wäi die Nacht finster. Dou gräigsd du einen Mambf hiigschdelld, dou is a Sekundenkleber eine Nuwelle Kusine dergeeng. Nou nu an Wein mit einen Hitzegrad, wousd aff der Zunger Brandblasen gräigsd! Und a Gniedla frisch ausn Beddongmischer! Ich bring kann Bissn noo vo den ganzn Drecksszeich, und nou frougsd du Gnaller mich, ob es mir gemundet hat! Ich konn der scho soong, wie es mir gemundet hodd – nach Oorsch und Friedrich hat es gemundet!« Und auf den immer noch sehr höflichen Einwand vom Frank »Aber unsere Nierlein sind hausgemacht« schrie der Gerd zurück: »Des glaab i scho, dass däi nedd aff der Schdrass gmachd worn sin. Dou scheint die Sunner, nou wäärn s' wenigsdns warm gween!«

Qualität und Temperatur der hausgemachten Nierlein interessierten den Richter inzwischen weniger. Vielmehr wollte er wissen, wie die sauren Nierla plötzlich in das Gesicht des Kellners geraten sind. »Wassi nedd«, sagte der Angeklagte, »ich wass blouß nu, dassi zu ihn gsachd hob, er soll si des Gschmier numol ganz genau ooschauer, dasser wass, dass mer ba suu an Mehlbabb vo Essn einen Gast alles froong derf, nerblouß nedd, ob es ihm gemundet hodd. Und nou hodder si den Dreeg ganz genau oogschaud – und dou mouß nou bassierd sei. Is er in den Deller mit däi sogenannten Nierla scheint's vull neigrennd.«

Eine natürlich naheliegende Vermutung, der sich aber das Gericht nicht anschließen wollte. Wegen Schleuderns eines Tellers voll saurer Nierla mit Betonkloß und Beleidigung, die Ordnungstrafe wegen mehrfacher Herabwürdigung des Amtsgerichtsrats als Geheimrat schon eingeschlossen, ist Herr Gerd S. insgesamt zu einer Geldstrafe von 800 Euro verurteilt worden. »Odder«, fiel dem Angeklagten in seinem Schlusswort betreffs des geheimnisvollen Nierenflugs gschwind noch ein, »odder es is vielleichd eine Wanderniere gween. A Wanderniere aff der Flucht vuurm Koch.«

Die Arschbomben-Meisterschaft

Ruhe ist eine ziemlich relative Sache. Manche Oberbürgermeister oder Ministerpräsidenten zum Beispiel empfinden dröhnende Triebwerke von Fliegern aller Art wie das Summen einer Stubenfliege, also als extrem ruhig. Wahrscheinlich deswegen, weil sie von den Flughäfen in der Regel sehr weit entfernt wohnen. Während jetzt hingegen der Ruheständler Manfred B. das Eintauchen in ein Wasser in Form einer sogenannten Arschbombe wie den Einschlag einer Mittelstreckenrakete wahrnimmt.

Von einer Ruhe, sagte jetzt der als Zeuge geladene Manfred aus, könne bei seinem Ruhestand nicht im Mindesten die Rede sein. Außerdem sei er im Verlauf seiner Demonstration gegen den Höllenlärm im Nachbarsgarten um ein Haar ersäuft worden. Praktisch Mordversuch.

Angeklagt war der Nachbar Martin R. mit seiner neuesten Errungenschaft – einem aufblasbaren Planschbecken, in dem immer am Wochenende sein vierjähriger Enkelsohn Alexander für die mittelfränkische Arschbombenmeisterschaft mit großer Hingabe trainiert hat. Angeblich ungefähr ab zehn Uhr früh bis zum Sonnenuntergang hat man den Alexander unablässig jauchzen hören »Opa, Oorsbombe, Oorsbombe!«, danach ein dumpfe Wasserexplosion und Sekunden später schon wieder »Opa, nu amol Oorsbombe, Oorsbombe!« Zwischendurch hat auch der Opa persönlich eine Oorsbombe vollführen müssen, zur größten Freude vom Alexander.

»Des hält doch kein normaler Mensch aus«, sagte der Manfred vor Gericht, »in ganzn Samsdooch und masdns aa nu in Sunndooch! Dauernd ›Oorsbombe, Oorsbombe, Opa, Oorsbombe‹. Dou wersd doch ganz bläid im Oors, äh, Entschuldichung, im Kubf.«

Kurz bevor der Manfred ganz blöd im Kopf zu werden drohte, ist er an einem Samstagnachmittag mit den Worten »Is edzer dou ball a Rouh mid dera scheiß Oorsbombe!!!« an der Arschbomben-Kampfbahn aufgetaucht. Falls keine Ruhe eintrete, alarmiere er umgehend die Polizei. »Jawoll, des machsd«, hat ihm der Opa Martin geraten, »am besdn glei die Wasserbollizei. Und edzer schausd, dassdi schleigsd! Suu a Deooder dou machen weecher den bissala Hubfm!«

Womöglich hätte sich der geräuschempfindliche Nachbar tatsächlich geschlichen, aber es ist nicht mehr möglich gewesen. Wie es genau passiert ist, hat man nicht mehr ermitteln können. Nur der Nachbar Manfred B. hat sich mit hundertprozentiger Sicherheit an einen Jubelruf des Enkelkindes erinnert. Und zwar hat der Alexander plötzlich, in freudiger Anteilnahme am Zwist der zwei Rentner, geschrien: »Opa Oorsluuch hubfen! Opa Oorsluuch hubfen! Oorsbombe! Hob edz, Oorsbombe, Opa Oorsluuch!« Und schon hat der zärtlich als »Opa Oorsluuch« gerufene Nachbar von hinten einen leichten Rempler erhalten, ist dadurch über den Gummiwulst des Planschbeckens gestolpert, hat, um sich zu retten, noch einen Schnalzerer nach Art älterer Karpfen vollführt und ist infolgedessen mit dem bei Kunstspringern gefürchteten eineinhalbfach gedrehten Auerbach voll auf die Wasseroberfläche geplatscht und dann untergegangen.

Eine Todesgefahr hat aber bei der Wassertiefe von circa 30 Zentimetern nicht bestanden. Der Anklagepunkt Mordversuch hat sich nicht halten lassen. Aber Sachbeschädigung. Denn der Manfred ist unter anderem mit einem kostbaren Designerjäcklein bekleidet gewesen, hat eine 1 000 Euro teure, jedoch nicht wasserdichte Uhr getragen, und sein iPhone ist bei der Oorsbombe ebenfalls über den Jordan beziehungsweise über den Gummiweiher gegangen. »Und beleidichn lou i mi vo den glann Ruuzleffl scho glei goornedd«, sagte der Kunstspringer. »Sachd der ›Opa Oorsluuch‹ zu mir! Dou wass mer doch, wäi der Nachber vuur sein Enkerla iiber mich reden doud, odder?! Den wer i scho soong, wer vo uns zwaa der Opa Oorschluuch is!«

Wer jetzt dem ursprünglichen »Opa Oorsluuch« den Schubser in den Plansching-Pool erteilt hat, wollte der Richter wissen. »Wassi nedd«, antwortete der Martin. »Ich woors jedenfalls nedd. Und mei Enkerla scho glei goornedd. Vielleichd woors der Wind odder wer.« Das Verfahren gegen den Opa Martin wurde eingestellt. »Wennsd fei widder amol a Oorschbombm machen mechersd«, lud der Martin den Manfred nach der Verhandlung ein, »immer widder gern, gell. Mei Enkerla woor ganz begeistert. Obber nedd vergessn: vuurher die Jackn und die Uhr roo dou und ohne Händy, gell. Und«, fügte er noch hinzu, »ganz wichdich: bam Hubfm lautlos ins Wasser neigleidn, bragdisch wäi a Indianer. Wall, ich hob recht lärmembfindliche Nachbern.«

Tumult vor der Aborttür

Die Psyche ist heute noch eine ziemlich rätselhafte Sache, wo im Fall eines Defekts selbst gut ausgebildete Geistheiler oder Selbsthilfegruppen oft machtlos sind. Ein nahezu hoffnungsloser Fall ist zum Beispiel der an einer Art neurotischer Schließmuskelhemmung leidende Frührentner Edgar K. Sie äußert sich dergestalt, dass dieser Edgar sich den Freuden eines geschmeidigen Stuhlabgangs nur in völliger Einsamkeit, praktisch in stiller Meditation hingeben kann. Ein leises nachbarliches Plätschern vor der Aborttür, eine geflüsterte Unterhaltung, ein beherztes Quackern in der Kabine nebenan – schon ist es aus mit der Vollendung des Stoffwechsels, schon muss Herr Edgar K. sein Geschäft, und sei es noch so dringlich, abbrechen. Vor zwei Monaten ist es im Rahmen dieser mysteriösen sanitären Geräusch-Phobie zum Eklat – und jetzt zum Prozess gegen den Geräuschverursacher Heinz L. gekommen.

»Ich wass ibberhabbs nedd«, sagte der Heinz zu Beginn der Verhandlung, »warum dass ausgrechnd ich vor Gericht steh. Wall, ich bin suwos vo unschuldich, Herr Richter, dass mer eingli alle middernander glei widder hammgäih kenner. Und mein Freispruch schickn S' mer hald nou mid der Post hamm.« Schuld an den Vorkommnissen damals, fügte der Heinz noch hinzu, seien einzig und allein drei Dinge gewesen: dass die Toilette in dem Gasthaus nur über eine einzige geschlossene Kabine für die größeren Transaktionen verfügt, dass er, der Heinz, einen Druck von der Dringlichkeitsstufe 1 verspürt hat und die Verweildauer vom ebenfalls im Erleichtern befindlichen Edgar auf der Kloschüssel eine Unverschämtheit sondergleichen gewesen ist. Ob psychisch bedingt, ist ihm wurschd.

Der Heinz hat sich also an jenem Abend hochpressant mit ganz kleinen Schritten in den WC-Vorraum geschleppt, unter lautem Donnern seiner Gesäßatemwege die Kabinentür aufgerissen beziehungsweise aufreißen wollen. Besetzt! Nach vielleicht zwei Minuten hat er gestöhnt: »Wäi lang dauerts'n nu dou drinner?! Mir schäibds in Lahma scho ball ins Freie!« – »Lahma« ist die hierorts bei älteren Menschen noch gebräuchliche Abwandlung des hochdeutschen Wortes Lehm. Was Lehm bedeutet, kann man sich denken.

Den Abortinsassen Edgar K. hat es in keiner Weise gerührt, dass den Heinz der Lahma schwer drückt. Man hat nur ein leises Ächzen gehört, dann kurz die Spülung und auf den befreiten Jubel vom Edgar »Ner endli! Es rauscht scho!«, drin die gepresste Äußerung »Edzer is aus! Gäihd nimmer!« Zwei Minuten später: »An glann Moment nu, bitte!« Und noch einmal einige Minuten später: »Ooooch, öööööch, uuuuch! Eeeee – eeeedzer, glei, nocherdla, Oooooooch! Bitte äußerste Ruhe, edzer!« Daraufhin brüllte der Heinz kurz vor einer Ex- oder Implosion: »Dir Dauerscheißer werri edzer gleich eine dringende Ruhe geem, dou drinner! Bisd du aus Darmstadt odder wos?! Odder braugsd a Scher zum Abschneidn?! Wenn's wos Gräißers is, nou meldst di in der Kläranlooch oo!« Hinter der Klotür aber immer noch kein Papierraschen, kein Hosenträgerschnalzen, keine Hoffnung auf Öffnung der Verriegelung. »Ja, wos häddin nou machen wolln?«, fragte der Heinz jetzt in seiner Verteidigungsrede, »wenn's di fast scho zerrcißt. Und der hockt dou drinner in aller Seelenruhe aff sein Thron. Und immer aweng ›Ooooooch‹ und ›Öööööööch‹, obber es kummd nix! – Ja und dann«, fuhr er fort, »dann hobbi halt in meiner Not aweng an die Tür hiibumberd.«

»Aweng hiibumberd?«, unterbrach ihn der Edgar, »ner fraali, aweng hiibumberd! Suu zart hodder hiibumberd, dass er die Tür neig'haut hodd. Mid die Fäiß hodders neidreedn, der Fandale, der!« Um das bissla Pressspanplattentür sei es nicht schad, sagte der Heinz. Aber was er dann mit seinen im Höchstdruck schon herausgewälzten Augen erblickt habe, das spotte jeder Beschreibung. »Hockd der dou drinner aff der Abortschissl und liest die Zeitung! Des mäin S' Ihner amol vuurschdelln, Herr Richter! Mir kummds scho ball zu die Ohrn raus, und der liest die Zeitung! Und edzer hodders aff aamol mit der Bsüche odder wos. Ka Mensch hodd im Oorsch a Bsüche!« Wo sich letztlich der Sitz der Psyche, mithin der Seele befindet, wollte der Richter jetzt aber nicht geklärt wissen. Ihn interessierte lediglich, ob es stimmt, dass der Heinz nach dem Eintreten der Klotür dem Edgar mit den Worten »Edzer konnsd nou glei ›Oooooch‹ und ›Ööööööch‹ stöhner, gell« zwei Schelln verabreicht hat. »Jawoll«, antwortete der Heinz, »schdimmd. Öfter hobbi leider nedd hiihauer kenner, wall i ja dringend am Abordd gmäißd hob, nä.« Wegen Sachbeschädigung und Körperverletzung wurde Herr Heinz L. zu sechs Wochenenden gemeinnützigen Arbeitseinsatzes in Verbindung mit 2 500 Euro Geldstrafe verurteilt.

Der zwangsernährte Missionar

Missionare sind nicht mehr in dem Maß wie früher über die Welt verteilt, wo sie oft ein großer Segen gewesen sind. Hat sich damals nur gefragt, für wen. In der Südstadt ist jetzt ein heutzutage seltener Fall von Missionierung passiert, der allerdings voll in die Hose beziehungsweise zunächst in den Mund gegangen ist.

Ludwig M. pflegt in seiner näheren Umgebung aber nicht mutmaßliche Ketzer, Heiden, Atheisten oder Agnostiker in den Schoß irgendeiner alleinseligmachenden Religion heimzuholen, sondern er predigt mit großer Inbrunst die Fleischlosigkeit von Mahlzeiten als höchstes Gut menschlicher Existenz. Sein Satan, sein Fegefeuer hören auf hierorts so klangvolle Namen wie Blaue Zipfel, Schäufele oder Schlachtschüssel. Jetzt ist der Hobby-Presssackaustreiber als Zeuge und Opfer seiner Missionstätigkeit vor Gericht geladen worden.

Angeklagt war der pensionierte Straßenbahner Otto W., ein sündiger Mensch sondergleichen. »Weecher mir«, diktierte er dem Anwalt der Gegenseite in die Akten, »weecher mir kann Ihr Mandant in ganzn Dooch zentnerweis Körnla fressn, bis er nimmer wass, is er a Wellnsiddich oder a Babbagei. Obber wenn er maand, dass er mich überredn muss, dass ich mir zon Oomdessn an Sack vull Hennerfudder hiischdelln lass, nou konns scho ganz schäi bläid nausgäih, nä.«

Im aktuellen Fall ist es tatsächlich ganz schön blöd nausgegangen. Der Otto ist in seinem Stammwirtshaus gesessen, hat sich zu seinem halbdunklen Hetzelsdorfer einen ansehnlichen Zapfen Stadtwurst mit Gurke und Brot bringen lassen, während sein Gegenüber, der Mehlspeisen-Missionar Ludwig M., die Bedienung laut

und seitenhiebmäßig gefragt hat: »Hom Sie nix Fege-
darisches?« – »Hommer scho«, hat der Otto anstelle
der Kellnerin geschwind geantwortet, »an Bäiderla fiirn
Karbfm ins Maul nei.« Auf Deutsch: ein das Karpfenmaul
ornamentierendes Petersiliensträußlein. Schließlich hat
der Ludwig einen gedünsteten Blumenkohl und ein
äußerst stilles Mineralwasser bestellt, was der Otto mit
den Worten kommentiert hat: »Im Blumerkohl sin oft
Würmer drin und vom Mineralwasser gräichd mer Flöh
im Bauch. Alles zwaa is Fleisch.« Und bei der Ankunft
vom Otto seiner vollfetten Stadtwurst ist es, wie man sich
denken kann, nun zur Missionierung gekommen.

Herr Ludwig M. hat angesichts der Stadtwurst über
verschiedene Gifte referiert, welche jeglichem Fleisch
natürlicherweise innewohnen, über millionen- und mil-
liardenfachen Massenmord an Mastschweinen, über
Cholesterine aller Art, Herz- und Leberverfettung, über
Grausamkeit und Dummheit des Menschen im Allgemeinen und vom Otto im Besonderen – falls er sich nicht
entschieden der heiligen Pflanzlichkeit zuwende.

Auf die fränkisch-dezente Erwiderung vom Otto »Hald
dei Maul und zull an dein Blumerkohl!« hat der Ludwig
aber nicht, wie dringend geraten, sein Maul gehalten,
sondern seinen Tischnachbarn als Verbrecher an der
Schöpfung gebrandmarkt. Das war dann das Ende der
einigermaßen gütlichen Diskussion. »Sooch amol ganz
laut ›Aaaa‹«, hat der Otto den Ludwig dringlich, nach Art
eines Hals-Nasen-Ohrenarztes, aufgefordert. Und der
Ludwig, verwundert über die lautmalerische Wendung
des Gesprächs, hat tatsächlich »Aaaa« gesagt und dabei
weit den Mund aufgerissen – der denkwürdige Moment,
in dem der Hardcore-Vegetarier Ludwig M. zum bissigen
Fleischarier geworden ist. »Wäi ich Depp ›Aaaa‹ gsachd

hob«, schluchzte der Ludwig im Zeugenstand, »in den Aungblick schäibd mir der Moo sein halberdn Ring Schdaddworschd in die Goschn nei! Ball bis zon Zäbfla in Hals hinter! Dassi ka Luft mehr gräichd hob!« Womit die Grausamkeit der Zwangsmahlzeit aber noch nicht beendet gewesen ist. Ein erheblicher Teil der Stadtwurst hat sich im Mund des Vegetariers befunden, der Rest-zipfel ist ihm an den Lippen gebambelt. »Und nou hodd mir der Moo suu arch mit der Faust am Kubf draffg'haut, dassi die Schdaddworschd unwillkürlich vonander bissn hob. Und nocherdla«, fuhr er immer noch weinerlich fort, »nocherdla hodder mer mein Mund zoug'haldn und numol aff meim Kubf ummernander drommld. Und nou hobbis nooschluckn mäin, die Schdaddworschd. Sunsd wär i ja erschdickd, Herr Vorsitzender.« – »Und?«, fragte der Otto jetzt in der Verhandlung, »hodds wos gschadd?«

Womöglich hat es nichts geschadet, aber der Lud-wig würdigte den Stadtwurstpeiniger keiner Antwort. Dafür würdigte der Amtsgerichtsrat die Zwangsernäh-rung des Missionars als Körperverletzung und verurteilte den Stadtwurstfütterer Otto W. zu einer Geldstrafe von ungefähr 800 Euro. »Des hodd mer dervoo«, sprach der sein letztes Wort gelassen aus, »wemmer mit einem ausg'hungerdn Körnlafresser aus lauter Mitleid sei Essn teilt.«

Der beste Elvis-Imitator des Universums

Dass Elvis Presley lebt, ist jedem Interessenten für begnadete Klangkörper bekannt. Neulich ist er wieder einmal bei einer Silberhochzeitsfeier in Schoppershof in Erscheinung getreten. Nach eigenem Bekunden wäre er dort um ein Haar wirklich und womöglich für immer verstorben. Aber er hat es, wie es sich jeder Metaphysik-Professor denken kann, überlebt.

Bei dem Schoppershofer King of Rock'n'Roll handelt es sich um den Dachdecker Jürgen L., dem wahrscheinlich besten Elvis-Imitator der Welt. So hatte er es jedenfalls in aller Bescheidenheit und Demut dem angehenden Silberhochzeiter Hartmut S. anlässlich einiger zügig getrunkener Hugo-Cocktails anvertraut. Und dann hatte der Hartmut den »Evergreen« als Höhepunkt der Silberhochzeit für eine Gage von 500 Euro verpflichtet.

Hartmut S., muss man wissen, lebt daheim praktisch im Jahr 1977, also kurz vor dem Scheintod seines Idols. Alles Elvis: Elvis-Presley-Tapeten, Elvis-Presley-Plastikpuppen, Elvis-Presley-Lieder singende Spieldosen, Elvis-Presley-Bettwäsche, Elvis-Presley-Eierbecher. Wenn man beim Hartmut den Abortdeckel hochhebt, erklingt infolge eines selbstkonstruierten Mechanismus: »All shook up«.

Das schilderte der seit Jahrzehnten im Presley-Wahn befindliche Frührentner jetzt vor Gericht. Vor allem deswegen, um sein Vorgehen am Höhepunkt der Silberhochzeitsfeier einigermaßen erklärlich zu machen. Auch habe er den wahrscheinlich besten Elvis-Presley-Imitator der Welt vor dem zufällig geführten Gespräch im Wirtshaus überhaupt nicht näher gekannt. »Ich hob nern nu gfrouchd«, sagte der Hartmut, »wäi mer mit anner Bladdn am Kubf einen Presley-Imitator machen kann. Wou doch der Elvis suu a schäine Haarwelle g'habt hodd. Nou hodder gsachd, wos er am Kubf hodd, des is ka Bladdn, sondern a Schallbladdn. Obber dou woor mer alle zwaa, glaab i, scho aweng bsuffn.«

Am Abend der Silberhochzeit muss der Presley-Imitator Jürgen L. auch aweng bsuffn gewesen sein. Eingekleidet in eine mit mindestens tausend Silbernieten beschlagene, vielleicht 50 Kilo schwere Jeans, eine segelfähige Flatterbluse und Stiefel aus dem Bundeswehrnachlass hat er sich auf die kleine Behelfsbühne hochgearbeitet, ist mit den Worten »Good Evening, Ladies an Gentlemen« auf der anderen Seite wieder hinuntergefallen und hat beim Wiederauftauchen seine original Elvis-Presley-Perücke verkehrt rum aufgehabt, Haarwelle nach hinten, Nackenhaare vor den Augen. Also praktisch blind hat er zur Gitarre gegriffen, einer wahrscheinlich in China hergestellten Mischung aus Plastik-Mandoline und Laute, am mitgebrachten Mischpult auf einen Knopf gedrückt – und dann hat sich ein Klangwunder ereignet: Zu den Lippenbewegungen von »Love me tender, love me sweet«, dem Hartmut seinem Lieblingslied, ist extrem laut erklungen »Ich bin so schön, ich bin so toll, ich bin der Anton aus Tiroll ...« Und nach einem erneuten Knopfdruck: »Ein Stern, der deinen Namen träääägt ...«

»Hodd der Depp«, brüllte der Hartmut jetzt vor Gericht, »der wahrscheinlich beste Elvis-Doldi der Welt, hodd der Bläibäck gsunger und in sein Breller die verkehrte Bladdn eigschalt! Ausgrechnd die CD vo den DiDschäi Ötzi, den Gnaller mit seiner selberg'häkldn Abortbabierhülln am Kubf! Des is doch eine Elvis-Presley-Lästerung erschdn Grades, Herr Richter! Und nou hobbi zu ihn gsachd, wenn er nedd aff der Stell edzer live singt, nou hauin gscheit aff die Waffl naaf.« Worauf der Jürgen zu den Klängen seiner eher unbespielbaren Kindergitarre krächzend ein Lied zum Besten beziehungsweise zum Schlechtesten gegeben hat. Es hat sich gemäß der Erinnerung vom Hartmut so ähnlich angehört wie »Ja du langsam dou nei« und hätte höchstwahrscheinlich lauten sollen: »Are you lonesome tonight«. Da war dann die Freude vom Hartmut an den Darbietungen vom wahrscheinlich schlechtesten Elvis-Imitator des Universums erschöpft. Mit den Worten »Dir wer i edzer glei a ›Langsam dou nei‹ geem, dir Dreckszibfl!« hat er ihm einen Drümmer Arschtritt mit seinen berühmten blue suede shoes verabreicht und die Mixtur aus Elvis Presley, DJ Ötzi und Schnapsdrossel wurde von der Bühne katapultiert. Und warum dem Elvis beziehungsweise dem Jürgen sein Kopf plötzlich aus der Gitarre herausgeschaut hat, wollte der Richter wissen. »Ner Sie kenner bläid froong«, antwortete der Hartmut, »wallis nern gscheid am Kubf naafg'haut hob, odder?« Mildernde Umstände schon eingerechnet, machte es zwei Monate auf Bewährung und eine Geldbuße von 1 800 Euro. »A weng weng«, kommentierte der Mehrbereichs-Imitator Jürgen L. das milde Urteil, »ich hädd ja dood sei kenner.« – »Vielleicht mundtot«, sagte der Hartmut, »und des wär wergli ka Schaden gween.«

Der kürzeste Apfelbaum des Universums

Bei jeglichem Rekordverdacht wendet man sich bekanntlich an die vermutlich nur im geringen Maß geistesgestör-
ten Verfasser des Guinness-Buchs der Rekorde. Wurscht,
ob es sich um den längsten Ziechbubbl der Welt handelt,
um den Weltrekord im Unterwasser-Jodeln (0,01 Sekunden), um den kürzesten Weitsprung (0,0 Meter) oder
um das sinnentleerteste Buch des Universums – immer
erhält man dort ein schönes Forum plus eine Urkunde
für seine Verdienste um den groben Unfug und einen
zufriedenstellenden Bekanntheitsgrad. Womöglich hätte
sich der weithin unbekannte Kleingärtner Helmut S. auch
der Redaktion der berühmten Pestleistungs-Bibel anver-
trauen sollen. Vorläufig in erster Instanz hat der Helmut
jetzt aber zunächst das Amtsgericht bemüht. Er darf sich
nämlich rühmen, der Inhaber des womöglich kürzesten
Apfelbaums des Welt-Raums zu sein.

Seit über dreißig Jahren hat der Helmut diesen seinen
Apfelbaum gehegt und gepflegt, sodass er im vergangenen Frühherbst, bei Anbruch der Erntedankfestlichkei-
ten, eine vorläufige Höhe von ungefähr sieben Metern
erreicht hat. Mit einem Fruchtertrag sondergleichen. Die
Gesamtfamilie S. kann ein Lied davon singen, denn in
Keller, Küche, Speisekammer und Tiefkühlschrank befinden sich Vorräte an eingefrorenem Apfelmus, Apfelkom-
pott, Apfelgelee, Apfelsaft, gedecktem und ungedeck-
tem Apfelkuchen, gedörrtem Apfelschnitz, Apfelküchla,
Apfelmännla und so weiter bis mindestens ins Jahr 2099.

Also große Freude beim Helmut über den immen-
sen Apfelanfall jedes Jahr. Jedoch verhältnismäßig kleine
Freude bei seinem Nachbarn Sebastian K., der direkt
anrainend an den gebärfreudigen Apfelbaum einen

kleinen Freisitz mit Bank und Karteltisch positioniert hat.

»Erschdns«, sagte der angeklagte Sebastian vor Gericht, »erschdns hom mir weecher den scheiß Abflbaum bragdisch viererzwanzg Stund Schatten im Garten.« Und zweitens: Wenn die Apfelernte naht und der Wind durch die Äste streicht, prasselt es auf Freisitz, Tisch und Bank hernieder, dass sich der Sebastian und seine Kartelfreunde nicht selten im Dritten Weltkrieg wähnen. »Masdns hommer bam Karddln an Fahrradhelm auf.«

Auch in diesem Jahr haben Tausende von Jungäpfeln gekündet: Es wird heuer wieder zu einem massiven Apfelbeschuss beim Nachbarn kommen. »Ner ja«, äußerte sich der Sebastian vor Gericht weiter, »nou hobbi in Nachber gfrouchd, ob mer den Baum nedd amol aweng beschneidn kennd.« Beschneiden ist hierzulande eine heikle Sache geworden, auch oder gerade bei Apfelbäumen. Er, der Apfelbaumbesitzer, habe es sich nicht zugetraut. Also hat der Sebastian das Stutzen einiger Zweiglein übernommen. Wie der Helmut drei Tage lang auf einer Zigaretteneinkaufsfahrt in Tschechien geweilt hat.

»A boor Äst hobbi wechgschniidn. Nou hodder aweng a bläide Form g'habt. Hobbi nu a bissala nouchgschniidn. Und dann zwaa Meter vom Stamm. Und dann, glaab i, numol zwaa Meter.« Wie man sich mathematisch denken kann, sind von den sieben Metern Apfelbaum dann nur noch drei Meter verblieben. »An denni drei Meter Stamm«, sagte der Sebastian, »dou sin nou allerdings kanne Äst mehr droo gween. Und dann hobbi mer denkt, a Abflbaum ohne Äst und ohne Äbfl hodd ja aa kann Sinn, odder? Und nou hobbi däi drei Meter aa nu wechgsäächd.« Und wie dann der Helmut von seinem

Omnibusausflug nach Tschechien zurückgekehrt ist, hätte er also umgehend die Chefredaktion des Guinness-Buchs der Rekorde kontaktieren sollen. Mit einer Bitte um Eintrag als Besitzer des mit null Metern Höhe wohl kürzesten Apfelbaums der Welt. Wenn nicht des Weltalls, da der Forschung Kenntnisse von extrem kurzen Apfelbäumen im Universum nicht vorliegen.

»Fiir mich«, klagte er jetzt vor Gericht, »hodd der Moo aweng an Badscher. Sachd der zu mir, er verschdäihd wos vom Baumschneidn, der Gnaller! Des is doch ungefähr asuu, wäi wenni schdadds zu an Frisör zu an Metzger gäih und sooch, er soll mer die Hoar schneidn. Und der schneid mer nou in Kubf wech!«

Dem Vergleich schloss sich das Gericht weitgehend an. Der Apfelbaum-Radikalschneider Sebastian K. wurde wegen Sachbeschädigung zu einer Geldstrafe von 800 Euro verurteilt und muss zusätzlich für die Pflanzung eines angemessenen Ersatzbaums aufkommen. »Des wer mer scho seeng, wos der gräichd«, maulte der Sebastian dem Urteil nach, »weecher mir schbodzin morng an Abflkern niiber. Bis der widder siem Meter houch wird, kenner mer in aller Ruhe karddln.«

Der Zwinkerer und sein Kurschatten

Kurschatten sind, wie die meisten anderen Schattenspiele auch, vorübergehende Erscheinungen. Manchmal aber auch nicht. Wie im Fall des Rechts- und Steuerberaters Gerhard S., der in Gestalt der bis dato weitgehend unbemannten Sekretärin Hannelore U. bereits am zweiten Tag seiner Kur einen dermaßen hartnäckigen Schatten hinter sich hergezogen hat, dass man durchaus von einer klettenartigen Anhänglichkeit sprechen hat können. Beim kargen Abendessen sind sich die beiden im Speisesaal der Kurklinik gegenüber gesessen, der Gerhard hat kurz einmal mit den Augen gezwinkert, und schon war es passiert: drei Wochen lang nächtliche Anwendungen, für die keine Krankenkasse der Welt aufkommt.

Erst später hat die Hannelore bemerkt, dass der Gerhard infolge einer Sehmuskelstörung immer mit den Augen zwinkert. Also kein erotisch orientierter Annäherungsversuch, sondern nervöse Zuckungen. Aber da der Kurpatient Gerhard S. auch ganz gute andere Zuckungen beherrscht, war es der Hannelore wurscht. Bevor es jedoch zur ersten Zuckung gekommen ist, hat der Gerhard seiner Schattin versprechen müssen, dass es keine Eintags- beziehungsweise Einnachts-Zuckung bleibt.

Was er sich dabei gedacht habe, wollte der Richter im wegen der Zuckungen an verschiedenen Körperteilen anberaumten Prozess wissen. »Nix«, antwortete der Gerhard. »Wall erschd is ja nix gloffn, nä. Und nou hobbi halt gsachd, dass ich anderweitig nicht gebundn bin. Nou hommer si bragdisch suwos Ähnligs wie verlobt. Und nocherdla is dann wos gloffn.«

Da die beiden so was Ähnliches wie Verlobten daheim nicht weit voneinander entfernt wohnen, hätte da weiterhin was laufen sollen. Anwendungen aller Art, spätere Heirat nicht ausgeschlossen, vielmehr so gut wie fest versprochen. Dazu hat die Hannelore natürlich die genaue Adresse von ihrem Gerhard, genannt »Waggimausi«, wissen müssen. Und zwei Tage nach Kurbeendigung ist die Hannelore schon vor der Tür gestanden: bei Gerhard S., Sowiesostraße 25, 1. Stock. Die Tür hat sich geöffnet, die Frau Kurschatten hat geflötet »Waggimausi, iich bins, dei Schmusischneggi!« – »Mach mer widder aweng Anwendungen«, hat sie wahrscheinlich noch säuseln wollen – doch da ist nicht ihr Waggimausi im Türrahmen gestanden, sondern ein ihr wildfremder Herr. »Ja, obber …«, hat die Hannelore gestammelt, »obber du, äh, Sie, mir woorn doch middernander aff Kur.« Waren sie jedoch nicht. Auch nicht verlobt und künftig womöglich verheiratet. Die völlig falsche Adresse hatte der richtige Kurpatient Gerhard S. aber nicht völlig frei erfunden. Wie die Hannelore unter anhaltendem Schluchzen das Aussehen von ihrem Waggimausi geschildert hat – »schwarze Hoar, woohrscheins gfärbt, zimmli glaa, houche Absädz an die Schouh und immer mid die Aung hodder zwinkert« – da hat der Gerhard aufgeschrien: »Der Zwinkerer, däi Dreegsau, däi dreggerde! Hodder scho widder mei Adress oogeem! Es letzte Mal häddi a neis Dellefon kaafn solln. Und edzer binni aff aamol ein Waggimausi und soll heiraten! Edzer langt's mer obber!«

Dann hat der momentane Gerhard S., welcher weder Steuer- noch Rechtsberater ist, sondern Metzgermeister, der Hannelore gschwind die Lage erklärt: dass er zwar Gerhard S. heiße, es aber noch einen Gerhard S. gebe, nämlich den Zwinkerer, einen alten Schulfreund und Kartelbruder, der in unangenehmen Fällen schon mehrfach absichtlich die Adresse verwechselt habe. Und dass man ihn jetzt sofort heimsuchen werde.

»Ner ja«, sagte der als Zeuge geladene Gerhard S., der Zwinkerer, »vor Gericht, »ich wass blouß nu, dass an der Diir glaid hodd, mei Frau hodd aafgmachd, ich bin vuurn Fernseh g'hockt, und nou heer i an brülln: ›Edzer is es Maß vull! Wou issn dei belgischer Zwerch-Rammler, däi alde Wildsau?!!‹ Hodd der mei Frau oogschriea!« Da habe er sich aus dem Fernsehsessel erhoben, sei an die Tür geeilt, habe seinen Freund Gerhard S. erblickt sowie eine ihm flüchtig bekannte Dame. »Und dann haut mir mei sauberer Freind bragdisch aus heiteren Himml zwaamol vull anne aff die Lichter. Und nou binni ohnmächdich worn.«

Verständlich ist es durchaus, dass man voll zwei auf die Lichter erhält, wenn man einen nicht mehr ganz taufrischen Kurschatten mittels Adressenbetrug auf einen guten Freund abwälzen will. Aber rechtlich ist es nicht erlaubt. Der Metzgermeister Gerhard S. wurde wegen Überreichung von zwei Veilchen beziehungsweise Körperverletzung zu zwei Monaten mit Bewährung und einer Geldbuße von 900 Euro verurteilt. »Däi 900 Euro«, sicherte ihm der andere Gerhard, der Zwinkerer, zu, »däi gräigsd vo mir.« Er sei zwar demnächst ein bisschen knapp bei Kasse, da seine Frau die Scheidung eingereicht habe, aber die 900 Euro habe sich sein Freund redlich verdient: »Wall seit dass du mir damals aff die Aung draffdroschn hosd, seitdem is mei nerföses Aungzwinkern wech. Häddi goornedd aff Kur braucht.«

Ein Kiebitz mit Raucherhusten

Alles Mögliche wird heutzutage zum Weltkulturerbe ernannt, von Bayreuth über Bamberg bis nunter zum überhaupt nicht mehr sichtbaren Limes, nur das höchstkulturelle Gesellschaftsspiel Schafkopfen wartet seit Jahrzehnten vergeblich auf seine Ernennung zur Museumsreife. Da ist man schon froh, wenn es wenigstens alle paar Jahre wieder einmal im Polizeibericht auftaucht, von wo aus es dann manchmal sogar zu einem Amtsgerichtsprozess kommt. Wie jetzt die Sache mit dem Kiebitz in der Südstadt. Bei einem Kiebitz handelt es sich erstens um einen Zugvogel, zweitens um einen Bodenbrüter und drittens um den Schafkopf-Beobachter und Frührentner Bernd H.

Der Bernd, Bewohner einer Erdgeschoss-Suite in der Südstadt, pflegt jeweils an den Freitagabenden vom Frühjahr bis in den September hinein von seinem Küchenfenster aus zu kiebitzen. Es karteln dort unter ihm, seit Inkrafttreten des Rauchverbots durch den Gesundheitsmilizionär Sebastian Frankenberger, vier Herren im wahrscheinlich kleinsten Gehsteig-Biergarten der Welt mit großer Inbrunst.

Schafkopfen ohne Bier, Schall und Rauch geht nicht, deswegen karteln die vier im Freien, nicht weit entfernt vom Straßenverkehr. Unter ihnen der jetzt angeklagte Schafkopfgeldjäger Werner S. »Ich hob nix geecher Kiebitze«, äußerte er sich jetzt vor Gericht und verknüpfte sein großzügiges Toleranzedikt noch gschwind mit der kleinen Einschränkung: »Obber ihr Maul mäins haldn.« Eine Zeit lang hat der Küchenfenster-Kiebitz Bernd H. respektvoll wie gewünscht sein Maul gehalten. Bis dann eines Freitags Verdachtsmomente für eine leichte Parteilichkeit seitens des Kiebitzes aufgekommen sind. Und zwar für den Mitspieler Manfred R., der von da an meist siegreich die kleine Schafkopfarena verlassen hat können.

»Der Moo über uns an sein Küchnfenster«, erklärte es der Werner, »hodd ja an jeden vo uns in die Karddn neischauer kenner. Und nou is mer aufgfalln – jeedsmal, wenn der Manni anner Karddn hiiglangt hodd, nou hodd der droomer es Hust'n oogfangt. Und erschd wenn er nimmer g'hust hodd, nou hodd der Manni rausgschbilld.« Also ist es für den Werner klar gewesen: Es geht nicht mit rechten Dingen zu. Ob der Manni ohne vier Laufende gespielt hat, mit drei blanken Zehnern oder mit lauter Luschn – meistens hat er dem Husten aus dem Küchenfenster gelauscht und gewonnen.

Eines Abends, wie der Werner ein Schelln-Solo mit drei laufenden Herrn, einigen Untern und lediglich einer Fehlfarbe grandios vergeigt hat, noch dazu mit Spritze und Gegenspritze, hat er zum Küchenfenster hinauf gedroht, dass es jetzt dann fei gleich scheppert, falls der Oberarsch von Husterer da droben nicht sofort seine Signalgebung einstelle. Er ist mit seiner Warnung kaum fertig gewesen, da hat es vom Küchenfenster herab schon wieder mehrfach gehustet, und der Manfred hat trotz eines dürftigen Blattes erneut 3,20 Euro in sein Geldschüssala gleiten lassen dürfen. Und dann ist es blitzschnell gegangen.

Mit den Worten »Ich hobs der gsachd, du Oorschluuch, du bläids!« ist der fast 1,90 Meter große Werner aufgehupft, hat nach oben gegriffen und den Küchenfenster-Kiebitz Bernd H. am Hosenträger erwischt. Der Vogelkunde getreu hat der Bernd sodann die wesentlichen Eigenschaften eines Kiebitzes vollführt: Erst ist er als Zugvogel aus dem Küchenfenster raus durch die Lüfte gesegelt und Sekunden später bodenbrütermäßig teils am Gehsteig, teils auf der zufriedenstellend befahrenen Straße gelegen. »Dou is mer dann«, sagte der Küchenfenstersegler Bernd H. vor Gericht, »dou is mer dann nu der Mobbeddfoohrer iiber die Baaner driiber gfoohrn.« Anschließend habe er wegen einiger Kopfverletzungen und eines Fersensplitterbruchs zehn Tage im Krankenhaus verbracht. »Und derbei«, fügte er noch hinzu, »derbei hob ich ja goor kanne Signale geem. Ba den Scheißdreeg, wou däi vier immer zammkarddld hom, dou hädd ja es Eisoong ibberhabbs kann Sinn g'habt.«

Eingesagt beziehungsweise nach Art des Morsealphabets eingehustet habe er, der Bernd, in keiner Weise. »Dass ich manchmal aweng housdn hob mäin«, erklärte er, »des hängd dou dermiid zamm, dass i ganz gern amol anne rauch.« Rauchen dürfe er aber auf Anordnung seiner Frau nur, wenn er sich weit aus dem Küchenfenster hinauslehne. Wegen Fliegenlassens eines völlig unschuldigen Kiebitzes aus dem Küchenfenster in Tateinheit mit Bodenbrütung und Körperverletzung wurde der Werner zu drei Monaten mit Bewährung und einer Geldbuße von knapp 900 Euro verurteilt. Nach der Verhandlung redeten die zwei Prozessgegner aber schon wieder einigermaßen einvernehmlich miteinander. »Weecher mir«, sagte der Werner, »konnsd in Zukumbfd widder zouschauer bam Karddln. Obber fiir alle Fäll hobbi der wos miidbrachd.« Und feierlich überreichte er dem vermutlich einzigen hustenden Kiebitz in der Biologie eine Familienpackung Hustenbonbons.

Frieda, der Toilettenschreck

Ein Haus ohne Haustiere ist eine matte Sache und kommt Gott sei Dank so gut wie überhaupt nicht vor. In jedem einigermaßen bestallten Haus findet der Tierfreund Ameisen, Motten, Milben, Bakterien, Nachtfalter, Spinnen, Wespen, Muckn, aber auch Wüstenspringmäuse, Hamster, Meerschweinchen und Schweine sowieso in allen Formen vom Schäufala bis zum Spanferkel. Doch auch die Exotik im Haustierbereich findet in letzter Zeit mehr und mehr Liebhaber.

Wo dir früher vielleicht der eine oder andere Ratz im Treppenhaus begegnet ist, wedeln heute durchaus einmal flüchtige Warane, Leguane oder Zierkrokodile mit dem Schwanz. Lang wird es nicht mehr dauern, bis ein fern der ursprünglichen Heimat lebender Königstiger bei uns in spielerischer Absicht das Treppengeländer hinunterrutscht und danach den Hausmeister vespert.

Ein ebenfalls sehr majestätisches Tier, ein Königspython, hat im vergangenen Frühjahr bereits für Aufsehen gesorgt. Dieser Python müsste eigentlich *die* Python heißen, denn erstens handelt es sich bei ihm um ein Würgeschlangenweibchen und zweitens hat ihn sein Gebieter, der Gartenbaumeister Max A., auf den schönen Namen »Frieda« getauft. Die Frieda schlummert normalerweise in ihrem Terrarium, würgt dann und wann ein bis zwei Ratzn zur Brotzeit und hat den großen Vorteil, dass sie nicht wie andere Haustiere bellt, miaut oder dauernd schreit »Ich bin der Beo!« Eine überaus friedliche, lautlose Frieda halt. Mit einer Ausnahme – damals im Frühjahr hat die Königsfrieda vielleicht balzen wollen oder was ähnlich Schlüpfriges, jedenfalls ist sie unbemerkt aus dem versehentlich nicht gedeckelten Glaskasten gekrochen.

Unglücklicherweise an jenem Abend, an dem der Frieda ihr Herrchen den Wohnungsinhaber Ernst K. und dessen Gattin zu einem feierlichen Abendessen eingeladen hat.

»Des Oomdessn«, sagte der Ernst jetzt vor Gericht, »des vergess i mei Lebm lang nedd! Ball vier Wochn lang bin ich bei einen Nervnarzt in Behandlung gween!«

Und dann hat der Ernst mit vor Schreck geweiteten Augen geschildert, wie er damals das feierliche Abendessen infolge einer außerplanmäßigen Dringlichkeit unterbrechen und die Toilette seines Mieters aufsuchen hat müssen. »Ich heb in Abord-Deckl hoch, hock mi draff«, sagte er, »und nou hob ich mich irchndwie beobachtet gfühlt, schdäih widder aaf, schau in die Abortschüssl nei – und nou hädd mi ball der Schlooch droffn! Wall, die Schüssl woor scho voll, und ich hob nu goornedd oogfangd g'habd. In erschdn Moment hobbi denkt: Wos hob nern ich edzer dou gschissn?! An schwarzbraun karierten Bandwurm odder wos?! Und nou reißt des Viech aa nu sei Maul aaf und zischt!«

In voller Panik über das überraschende Resultat seiner keineswegs verrichteten Notdurft ist der Ernst, Hose und Unterhose noch in der Kniekehle, aus dem Klo mehr geflogen und gestolpert als gerannt und hat gebrüllt: »Hilfe! Hilfe! Sofordd an Notarzt ooruufn! Ich hob a Schlanger gschissn! Und edzer wills widder zrigg! – Hodd der Depp vo einen Mieter«, sagte er jetzt in der Verhandlung, »hodd der in meiner Wohnung eine Würgeschlange g'haldn! A Boa constructa odder wäi des Viech hassd! Mindestens fünf Meter lang! Wenn si däi ba mir dou undn rumgwickelt hädd – wos mer däi alles abgwedschn hädd kenner!«

Der Mieter und Schlangenbändiger Max A. verstand die Aufregung von seinem Wohnungsinhaber auch jetzt in der Verhandlung nicht. Erstens heiße es nicht »Boa constructa« wie die gleichnamige Waschmaschine, sondern »constrictor«, zweitens sei seine Frieda ein Königspython und nicht einmal eineinhalb Meter lang, und überhaupt könne man es so einem in der Fremde fern der Heimat lebendem Tier doch nicht verargen, wenn es sich im Rahmen seines Heimwehs aus Versehen einmal in die Kloschüssel und damit auch in die anheimelnde Wärmeabluft eines Vermieterhinterns flüchte.

»Des is doch mir worschd«, beharrte der Ernst auf seiner fristlosen Kündigung, »ob des Viech Heimweh nach anner Abordschüssl g'habd hodd. In Mietverdrooch schdäihd schwarz aff weiß drinner: keine Haustiere. Zum nächsten Erschdn is kündicht. Und als Erschdes fläichd Ihr gschissne Boa constructa naus! Und wennis bersönlich in Abord nooschbül!«

Das Gericht entschied aber nur teilweise für den Reptilienfeind: Der Max darf weiter in der Mietwohnung bleiben, nur seine Frieda muss innerhalb einer Frist von vier Wochen ausziehen. Welche Tiere er sich dann als Mieter ungestraft halten dürfe, fragte der Max nach der Gerichtsentscheidung noch. »Weecher mir a boor Frösch«, beschied ihm der Ernst, »däi heerd mer wenigstens quaken, bevuur mer si affn Abord hockt.«

Der Extrem-Stuhlhupfer

Ganz genau weiß man es immer noch nicht, ob nach den vielfältigen Gesetzgebungsversuchen von Frau Haderthauer jetzt Fußgänger nach 22 Uhr oder Kinder bis 18 Uhr oder Kraftfahrer rund um die Uhr oder Rad- und Skateboardfahrer von 24 bis 0 Uhr in Tankstellen einen Alkohol zum Saufen kaufen dürfen. Womöglich hat die ehemalige bayerische Prohibitionsministerin als Grundlage für ihre zahlreichen Tankstellengesetze bereits Kenntnis gehabt von einem Herrn Walter P., Künstlername »Wallbollidschella«, der ein Opfer des Missbrauchs hiesiger alkoholischer Tankstellenfreizügkeit geworden ist und es bitter büßen hat müssen. Ihm hätte vermutlich das Tankstellenalkoholverbotsgesetz gewidmet werden sollen, wenn es in Kraft getreten wäre.

Jetzt ist der Walter »Wallbollidschella« P. als Zeuge vor Gericht gestanden, trotz erheblicher Gedächtnislücken. Angeklagt war sein ehemaliger Freund Marco Z., ähnlich wie der »Wallbollischdella« Teilnehmer einer kleinen Gemeinschaft sogenannter Tankstellen-Googerer. Also meist männliche Menschen, welche ihre Zeit an den Bistro-Tischen gut sortierter Tankstellen verbringen, Mikrowellen-Weckla zu sich nehmen, Magenbitter, Dosenbiere kanisterweise und dabei die Welt besprechen.

Der »Wallbollidschella« allerdings pflegt, wie sein Spitzname dem Kenner schon verrät, statt Bier und Bitter einen Rotwein des Anbaugebiets Valpolicella einzupfeifen. Etwa nach fünf bis sechs Piccolo kann von einer Besprechung der Welt aber nicht mehr die Rede sein, eher von einer Belallung. »An den Dooch«, sagte der Marco jetzt vor dem Amtsgericht aus, »is widder suu weit gween. Der Wallbollidschella hodd einen Deroordichn drinner g'habt, dass er scho zwaamool vo sein Bistro-Hocker roogfluung is, Herr Richter. Und wenn der bsuffn is, nou teilt er uns immer mit, wos er alles machen·dääd, wenn er Bundeskanzlerin wär.« Er würde dann unter anderem im Grundgesetz festlegen, dass der Club niemals mehr absteigen darf, dass Rotweintrinken Pflicht wird und kostenlos, und Nichtraucher im Winter im Freien sitzen müssen. »Und wäi er an den Dooch«, fuhr der Marco fort, »zum fümbferzwanzigsdn Mal gsachd hodd, wos er alles macherd, wenn er Bundeskanzlerin wär, dou is nou die Streiterei ooganger. Wall ich zu ihn gsachd hob, wenn er Bundeskanzlerin wern will, soll er si als Erschdes amol sein Schnerbfl wechoberiern loun. Und nou is er widder von den Hocker roogfluung.«

Angeblich hat der Marco dann weitere Abstürze vom »Wallbollidschella« verhindern wollen. Während des Streitgesprächs mit zwei weiteren Tankstellen-Googerern, ob man als schwer rotweinabhängiger Mann überhaupt Bundeskanzlerin werden kann, hat sich der Marco von hinten an den wieder am Hoch-Hocker thronenden »Wallbollischdella« herangeschlichen, ihm heimlich die Schnürbändla von beiden Schuhen geöffnet und diese dann mittels doppeltem Knoten an den Stuhlbeinen fest vertäut. Zehn Minuten und zwei Piccolo-Fläschchen Valpolicella später hat der Walter »Wallbollidschella« P. lallingermäßig geäußert, dass er jetzt, wenn sich niemand für seine Tätigkeit als Bundeskanzlerin interessiert, heimgehe. Von Gehen hat aber in keiner Weise die Rede sein können: Er hat sich erhoben, mit ihm der sehr anhängige Bistro-Hocker, ist ins Straucheln gekommen, mit Kinn und Nase an den Tisch geknallt, von dort mit einer eineinhalbfachen Drehung ins Regal für Motoröle und Frostschutzmittel, und ist dann, begraben unter

Motorölen, Frostschutzmitteln und dem Hocker, vorübergehend bewusstlos liegen geblieben. Den Sanitätern hat er beim Abtransport von der Liege aus, schon wieder einigermaßen bei Bewusstsein, noch zugebrüllt, dass sie fei bloß sorgfältig mit ihm umgehen sollen, weil er aller Voraussicht nach bald als Bundeskanzlerin regiert und dann im Knoblauchsland nur noch Valpolicella-Wein angebaut wird. Ob es ungefähr so war, fragte ihn der Amtsrichter jetzt. »Wassi nimmer«, antwortete der Walter, »ich wass bloß, dass mer am andern Dooch die drei obern Schneidezähn gfehlt hom. Und in meine Schuh sin kanne Schnürbändla mehr drinner gween.« Den Rest der denkwürdigen Vorgänge um den Extrem-Stuhlhupfer Walter »Wallbollidschella« bestätigten die beiden anderen Zeugen mit hohem Respekt. »Normool«, sagte einer von ihnen, »normool bist dou hii, wenns di vo den Hocker roobredderd und du bist mit die Schnürbändla hiibundn. Dou moußd scho gscheid bsuffm sei, wennsd des überlebst.« Der Fesselkünstler Marco Z. wurde wegen Herbeiführung doppelter Knoten an den Schnürbändla vom »Wallbollidschella« in Tateinheit mit Zwangsstuhlgang und Körperverletzung zu einer Geldstrafe von 1600 Euro verurteilt. »Dou hobbi ja Glück g'habt«, kommentierte der Marco das Urteil, »wall, wenn der Wallbollidschella scho Bundeskanzlerin wär, häddi lebenslänglich gräichd.«

Der Parkhaus-Depp

Der Mensch und die Menschin sind bei uns seit Langem charakterlich einwandfrei geordnet. So kennt die höhere Anthropologie etwa den Warmduscher, die Fußgängerzonen-Mineralwasserflaschenträgerin, den Frauenversteher, die Armbeugennieserin, den Feinrippunterhosenträger und so weiter. Jetzt gibt es einen neuen Menschenkatalogposten, nämlich den Kopfbedeckungsautofahrer und Parkhausblinker. »Ich hädds mer ja glei denkn kenner, dass des bläid nausgeht«, sagte der Vermögensberater Manfred B. vor Gericht aus. »Wenn anner vuur dir im Barghaus mit ungefähr drei Stundenzentimeter derhii schleicht. Und dann hodder in Auto nu an Houd aaf wäi an mexikanischn Sombrero. Des bringt ka Gligg. Und dann nu a Autonummer NEA. Neapel odder Neandertal odder wos!«

Ob NEA, fragte der Richter dazwischen, eventuell auch Neustadt an der Aisch bedeuten könne. »Ja, konn scho sei«, antwortete der Manfred, »Aisch mit i odder mit r?« Diese Frage kostete mit Recht eine Verunglimpfungsgebühr in Höhe von 150 Euro. »Des gäihd ja scho schäi oo«, sagte der Manfred. Ähnlich schön wie damals im Parkhaus. Zusätzlich zum Sombrero und der extremen Niedrigstgeschwindigkeit sei es an dem Abend nämlich noch viel schlimmer gekommen.

Ganz dezent hat der Manfred damals hinter seinem bedächtigen Vordermann ungefähr 25-mal auf die Hupe gedrückt, aufgeblendet und sein Lenkrad verprügelt. Was den Aischgründer Alterscowboy vor ihm dann veranlasst hat, dass er vor jeder Linkskurve im Parkhaus den linken Blinker gesetzt hat. Wer schon einmal in einem Parkhaus war, weiß, dass es dort beim Verlassen sehr linkskurvenlastig zugeht. Rechtskurven gibt es nur, wenn man aufwärts fährt. Nach vielen Linkskurven inklusive Linksblinken erreicht man aber in jedem Parkhaus eines Tages die Ausfahrt. Dort befindet sich eine Schranke.

»Und vuur der Schrankn«, erinnerte sich der Manfred, »dou is der Linksblinker nou dorddn gschdandn und hodd unter sein Sombrero vuurglodzd, wäi wenn er suwos es erschde Mal in sein Leem gseeng hädd – a Schrankn.«

Die Nervenstränge vom Manfred sind angeschwollen gewesen wie ein Presssack, er ist aus seinem Auto geschnalzt, vor zu dem Linksblinker, und hat ihn angebrüllt, ob er nicht endlich das Weite suchen möchte. Der Sombrero-Mann hat das Weite durchaus gesucht, nur mit dem Finden war's nix. Er hat, den Parkschein zwischen den Lippen, den Manfred angelispelt, dass er sich erstens nicht auskennt, zweitens ums Verreckn nicht unter der viel zu niedrigen Schranke mit seinem Auto durchkommt und drittens leicht gehbehindert ist. »Ja, nou hobbi nerdirli aweng Mitleid mit den Moo gräichd. Hobbin in Parkschein aus der Goschn zuung, vuur zur Kasse, hob 7,50 zahlt, widder zrigg, den Moo sein Parkschein geem. Und nou is er nausgfoohrn.« Erst wie der Linksblinker aus NEA für immer entschwunden gewesen ist, hat der Manfred zwei gravierende Mängel entdeckt: Mit dem Parkhausneuling sind auch 7,50 Euro in Richtung Aischgrund entschwunden, und, wesentlich schwerwiegender, dem Manfred sein Ausfahrticket war weg. Wie von einem Aischgründer Karpfen verschluckt. Hinter ihm ungefähr zehn Autofahrer, aufblendend, hupend, Lenkräder fotzend, den Parkschein verloren, der Lautsprecher neben ihm dröhnend, dass er die Ausfahrt sofort räumen und sich an der Kasse melden soll – also das Ende der Belastbarkeit vom Manfred seinen Presssacknerven. Beinander wie eine Familienpackung Ahoi-Brause hat er sich hinters Steuer geklemmt, den hinter ihm wartenden Autofahreren noch ein fröhliches »Leggd mi doch am Oorsch alle middernander!!!« zugerufen – und dann ist er mit aufheulendem Motor aus dem Parkhaus hinaus gedüst. Durch die Parkhausschranke durch. »Des woor in Affeggd, Herr Richter. Alles nerblouß weecher den Parkhausblinker. Den wenni derwisch, hauin die Schrankn vom Buckl roo!«

Womöglich wird er ihn nie derwischn, denn das hohe Gericht mutmaßte in aller gebotenen Vorsicht, dass es ihn vielleicht gar nicht gibt. Weil nämlich im Manfred seinen Portemonnaie, wie ihn die Polizei kurz nach dem Schrankendurchbruch gestellt hat, gerade noch 75 Cent geruht haben, viel zu wenig für einen längeren Parkhausaufenthalt. Dafür aber haben in seinem Körper 1,7 Promille geruht. Viel zu viel für eine längere Autofahrt. Wegen Trunkenheit am Steuer, Fahrerflucht und Schrankenbeseitigung machte es vier Monate mit Bewährung, 1 800 Euro Geldstrafe und ein Jahr Führerscheinentzug. »So wahr ich hier stehe«, sagte der Manfred in seinem Schlusswort, »den Moo, der wo im Diefschlaf vuur mir hergfoohrn is, den hodds echt geem. Und mein Parkschein hodds aa geem. Es kennd hexdns sei, dass – wäi ich ihn sein Schein aus der Goschn zuung hob – dassin dou ausverseeng mei Diggedd derfiir neigschuum hob. Dasser nedd verhungert. Und nou hodders noogschluggd, der Depp.«

Die Geisterhand unter der Abortwand

Wer schon einmal außerhäusig von einer akuten Notdurft befallen worden ist, weiß: Um öffentliche Entleerungsanstalten ist es nicht immer gut bestellt. Nazifarben ornamentierte Abortschüsseln, Spülung defekt, nicht ganz reißfeste Papierhandtücher, ein Nachbarpinkler als natürliche Sprinkleranlage mit oft enormer Streuung, extrem hohes Ein- und Austrittsgeld und so weiter.

Da ist es verständlich, dass der jetzt angeklagte Nebenerwerbslandwirt Heinz B. bei seinen Innenstadtbesuchen öffentliche Toiletten meidet. Das vertraute er bei seiner Verhandlung auch dem Richter an. »Normool«, sagte der Heinz, »normool scheißi dahamm. Dou hobbi mein Rouh. A Zigareddla, zon Abordfensder aweng nausschauer, Todesanzeing lesen und nocherdla vull ab...« – »Vull abdriggn« hätte er wahrscheinlich gern noch vervollständigen wollen, aber so genau wollte es der Amtsgerichtsrat gar nicht wissen. Es ging ja auch nicht um die Beschaulichkeit im heimatlichen Abort, sondern um ein Kaufhaus-WC in der Stadt und einen folgenschweren Irrtum. »Also, wäi scho gsachd«, hob der Heinz erneut an, »normool scheißi dahamm ...« – »Ja«, unterbrach ihn der Richter noch einmal, »des wissmer edz scho.« Dann der Heinz: »Wos Sie obber nicht wissn, Herr Richter – ich hob an den Dooch die Scheißerei gräichd. Wäi ein Blitz aus heitern Himml, nä! Und drum binni in den Kaufhaus am Abord grennd. In allergräißder Not, nä.«

Wie sich damals die allergrößte Not einigermaßen verlaufen gehabt hat, ist der Heinz wieder in seine gewohnte Beschaulichkeit verfallen. Hat einen Prospekt studiert, einigen interessanten Nebengeräuschen in den Nach-

barzellen gelauscht, die Fußbodenfliesen gezählt. Und
bei der Fußbodenfliesen-Überprüfung hätte der Heinz
beinahe einen Herzstillstand erlitten – hat sich plötzlich unter der Toilettenwand eine Hand zu ihm herüber
geschoben. »Und dou«, sagte er, »dou is mir nerdirli
glei blidzartich widder eigfalln – Daschndiebalarm, nä!
Wall ich värzza Dooch vuurher ba mir dahamm am
Abord suu a Merkheftla vo der Bollizei gleesn hob. Dass
Daschndiebe auch in öffentliche Abord Geldbaidl grab-
schn. Und dou hob ich mir damals nu denkt, nä, dass
mich des goddseidank nix oogäihd, wall – hobbi ja glaab
i scho gsachd – ich scheiß ja brinzibiellmäßich dahamm,
nä. Ja, und edzer hädds mich nou doch ball derwischd.
Nerblouß weecher meiner scheiß Scheißerei.«
      Wegen Toilettentaschendiebalarmstufe 1 hat also der
Heinz angesichts der grapschenden Geisterhand seine
Beschaulichkeit abrupt unterbrochen, Hosenträger drüber, nei in Pullover, in den Mantel und auf und davon!
Und am Kaufhausausgang hat er sich gschwind versi-
chern wollen, dass sein Portemonnaie noch an Ort und
Stelle ist. Aber es ist verschwunden gewesen! Also wieder
zurück zur Toilette, an die Tür gehämmert und gebrüllt:
»Derwischd, du Dreegsau, du dreggerde! Schau bloß,
dassd rauskummsd, du Verbrecher! Wenn ich scheiß, es
Boddmonnee schdilln! Dir werri scho helfm! Aufmachn
edzer!« Hinter der Tür ein Seufzen, ein unterdrücktes
Stöhnen, ein fast geschluchztes »An glann Momend,
bitte.« Mit dem Schrei »Dir Oorschluuch gib i glei an
Moment!« hat der Heinz die Tür eingetreten, den dort
ängstlich auf der Schüssel kauernden Herrn Bernd S.
ungeachtet seiner heruntergelassenen Hose und Unterhose aus der Kabine gezogen und ihn zunächst einmal
abgewatscht. Anschließend hat er ihn mittels Polizeigriff

in den Vorraum abgeführt und ihm noch einmal einige Schelln verabreicht. Kurz danach ist die Polizei erschienen. Und daheim hat der Heinz stolz seiner Frau erzählt, dass er im Alleingang einen Aborttaschendieb überführt und sogar noch persönlich festgenommen hat. »Bloß mei Boddmonnee hom die Bolli nunni ba ihn gfundn. Obber ich schädz, des hodd der zon Fensder nausgschmissn. Dass dou woohrscheins scho ein Komblize gschdandn is, nä.«

Die Frau vom Heinz hat jedoch vermutet, dass es der Täter nicht zum Abortfenster hinausgeschmissen hat. Es sei denn, er hat sehr weit, bis hinaus ins Knoblauchsland, werfen können. Denn das Portemonnaie vom Heinz ist daheim auf dem Küchenbüffet gelegen, wo er es vergessen hat. »Ja gut«, sagte er jetzt noch vor Gericht, »des is ja nou geklärt gween, dass der Moo mir mei Boddmonnee nicht gschdulln hodd. Obber warum hoddern nou mid der Händ zu mir rüberglangt?« – »Des konn i Ihner scho soong«, antwortete ihm der Zeuge Bernd S., »ich hob gschaud, ob i a Abordbabier rüberangeln konn. Wall, ba mir heriimer is die Rolln goor gween.« Wegen Zertrümmerung einer Klotür und Körperverletzung wurde Herr Heinz B. zu einer Geldstrafe von 1 500 Euro und sechs Wochenenden gemeinnütziger Tätigkeit verurteilt. »Anns wassi gwieß«, gab der Heinz in seinem Schlusswort bekannt, »und wenn S' Ihner zehamool nimmer indressierd, Herr Richter – in Zukumbfd scheißi wergli nerblouß nu dahamm. Und wenni widder amol in Dünnbfiff hob, is mer aa worschd. Nou wird in die Huusn gschissn. Bloß, dass Bescheid wissen, nä.«

Das Schlossgespenst und sein Enkelsohn

Der Fall ist ursprünglich eigentlich vollkommen klar gewesen: mit 1,2 Promille auf einen Stromkasten am Gehsteig gebrettert, während der Geisterfahrt früh um 7.15 Uhr als Gespenst maskiert am Steuer, der Führerschein vorab sowieso schon in vierwöchiger »Untersuchungshaft«, und zu allem Überfluss noch einen Polizeibeamten beleidigt. Also unterm Strich: neun Monate Führerscheinentzug, vier Monate auf Bewährung, 3000 Euro Geldbuße. Das alles ist dem Vermögensberater Theo W. vorgekommen, wie wenn es ein bisschen viel auf einmal wäre. Zumal es ihm nach ausführlicher Lektüre des schriftlichen Urteils irgendwie geschwant hat, dass er unschuldig ist. Keinesfalls sei er nämlich damals, maskiert als Schlossgeist von Unterbürg, äußerlich umflort von einer Art Nachthemd, innerlich von einem kleinen Restpreller, von einem Faschingsball heimgefahren.

So legte er jetzt in der Berufungsverhandlung dar, dass es sich um einen gravierenden Justizirrtum handele. Nie und nimmer habe er sich seinerzeit auf einem Faschingsball befunden. Vielmehr sei er im Bett gelegen. »Und ummer siemer rum mouß gween sei«, erinnerte er sich jetzt, »wo aff aamol mei Enkerla im Schlafzimmer gschdandn is. Er hodd verschloufn, hodder mer ins Ohr neibrilld, und ich soll serfordd aafschdäih und ihn in die Schul foohrn.« Der Enkelsohn wohne im selben Haus, einen Stock höher, und müsse wegen Frühtiefschlaf häufig in die Schule gefahren werden. Also ist der Opa auch dieses Mal aus der Bettstatt gerumpelt.

Dazu müsse das Gericht noch wissen, dass er, der Theo, einige traditionelle Gepflogenheiten habe. Zum Beispiel schläft er seit Jahrzehnten aus Entlüftungsgründen im

Nachthemd, und, eine weitere alte Tradition, er nimmt zum Frühstück zur Kreislaufbelebung immer einen schwarzen Tee mit einem Schuss Rum zu sich. »In Tee hobbi an den Fräih grood nu trinken kenner, obber zum Oozäing, hodd mei Enkerla gsachd, is edzer ka Zeit mehr, sunsd kummder scho widder zer schbeed in die Schul. Also hobbi mi hald middn Nachthemmerd ins Auto g'hockt, mei Enkerla in die Schul gfoohrn. Und nou widder hamm.«

Wenn es denn so war, fragte der Richter dazwischen, könne es dann auch sein, dass er anstelle eines schwarzen Tees mit einem Schuss Rum irrtümlich eine Tasse oder ein Häfala Rum mit einem Schuss Tee getrunken habe? »Gschmarri«, sagte der Theo, »ich trink ja immer einen *weißen* Rum. Den kommer doch nedd middern Tee verwechseln. Obber des schbilld ja edzer aa goor ka Rolln, wall, es is ja an den Fräih aweng a Glatteis aff der Schdrass gween. Und Glatteis is immer glatt, worschd, obsd an Rum odder an Tee drunkn hosd.«

Infolge des Glatteises ist der Theo damals ein bisschen von der Fahrbahn abgekommen, dann auf den Randstein geprallt und danach auf den Stromkasten. »Ich hädd obber drodzdem nu weiterfoohrn kennd. Obber ich hob nou links vorn an Bladdn g'habt. Und dou is nou des ganze Gschieß erschd ooganger. A halbe Stund hobbi in den scheiß Karrn nachern Ersatzreifn gsouchd, bis i gmergd hob, dass des Auto keinen Ersatzreifn hodd. Nerblouß suu a Aufbloosala mit einen Gipsbrei drinner, wo in Reifn abdichtet. Odder wos wass iich.« Und während der Theo den Minikompressor mit Dichtungsmasse studiert hat, ist eine Polizeistreife erschienen.

»Ja, edzer schdäih ich dou im Nachthemmerd vuur mein Kofferraum und bin nerdirli nervlich fix und ferddich gween. Konn sei, dass i aweng nach den Dichtungsmittel grochn hob, odder nach Rum odder nach Tee, wos wass denn iich. Und nou frouchd mich der Bolli, ob ich dou an den Stromkasdn hiigfoohrn bin. Nou hobbi gsachd, naa, umkehrd werds woohrscheins gween sei – der Stromkasdn is aff mich draff gfoohrn.« Auf die weitere Frage des Beamten, was er hier macht, antwortete der Theo: »Ich dränier aweng Reifnwechseln, Herr Bollizeibressidend.« Und auf die letzte Frage seitens des Polizisten, das Faschingskostüm oder Nachthemd betreffend, hat der Theo überhaupt nicht mehr geantwortet. Sondern sich gebückt, das Gewand weit über die Sittlichkeitsgrenze hinaufgezogen und der Staatsmacht vorgeführt, wie früh um halb acht der Mond aufgeht. Beziehungsweise der Hintern. »Des woor ka Absicht«, sagte der Theo. »Es kennd hexdns sei, dass mer, wäi ich in Kofferraum numol nach einen Ersatzreifn gsucht hob, dass mer dou mei Nachdhemmerd aweng naafgrudschd is. Aus Verseeng.« Nach zahlreichen Zeugenaussagen hatte jetzt der Vorsitzende noch eine Frage: »Soong S' amol, Herr W. – wie viel schulpflichtige Enkelsöhne ham Sie eigentlich? Und wenn S' bei der Aufzählung Ihrer Enkel ausnahmsweise einmal bei der Wahrheit bleiben könnten.« Da ging der Theo sehr lang und sehr nachdenklich in sich und in sein Gedächtnis. Und kam dann zu folgendem Ergebnis: »Also insgesamt maaner Sie edz? Enkel? Insgesamt ungefähr, soong mer amol, überschlägich, also schulpflichtige, in Großn und Ganzn kommer soong, alles in allem – goor kanne. Glaab i.« Also doch Faschingsball. Die Berufung wurde abgeschmettert, es blieb bei Führerscheinentzug, Bewährungsstrafe, Geldbuße. Und bei einem schönen Gruß an den Geisterenkel.

Wie der Dieter einmal einen Holzdieb überführt hat

Dramen, die sich mitten im Volkstum ereignen, sind mitunter schwer verständlich, wenn man des im Volkstum vorkommenden Vokabulars nicht ganz mächtig ist. Zum Beispiel muss man bei dem Bauerbeller-Drama, welches sich zwischen den Nachbarn Dieter H. und Martin B. abgespielt hat, wissen, dass ein Bauerbeller kein ländlicher Hofhund, sondern ein an Silvester immer wieder gern gezündeter Power-Böller ist und ein Hulzscheidla ein Scheit Holz. Hulz, beziehungsweise Holz, erlebt momentan eine Renaissance. Jeder, der auf Luftreinheit große Stücke hält, heizt mit Pellets, Hackschnitzeln, nicht mehr benötigten Ikea-Möbeln, Resopalplatten oder eben mit Hulzscheidla.

Da der Preis für Hulzscheidla bereits ziemlich hohe Höhen erreicht hat, pflegt der Kachelofeninhaber Martin B. seinen Holzvorrat, ähnlich wie Gold, in der Gewichtsklasse Feinunze zu lagern. Außer ein paar Schbreißerla Anzündholz verfügt er über keinerla Scheidla, heizt aber wie durch ein Wunder doch mit Holz.

Diesem Wunder ist im vergangenen Herbst sein Nachbar Dieter H. mehrere Wochen lang auf der Spur gewesen und hat dann entdeckt, dass es kein Wunder ist. Herr Martin B. heizt nämlich mit dem Dieter seinem Holz, indem er es in finsteren Neumondnächten der Holzlege des Nachbarn entnimmt.

»Alles gluung«, sagte der Martin jetzt vor Gericht, »ich hob den seine scheiß Hulzscheidla nedd gschdulln. Mir heizn mid Brikedd.« – »Auch gluung«, wandte der Dieter ein. »Wall wenn Sie mid Brikedd heizn dennerdn, nou kummerd aus Ihrn Schlot a schwarzer Rauch raus. Wäi bam Babsd, wenns nu kann hom. Ba Ihner kummd obber weißer Rauch raus. Weiß, wie der Rauch, wenns an Babsd hom. Und weißer Rauch kummd vo Hulzscheidla.« Den Streit um die Papstwahl, schwarzen und weißen Weihrauch und Hulzscheidla unterbrach der Vorsitzende mit dem Hinweis, dass es hier nicht um Rauch geht, sondern vielmehr um Schall. Und zwar um den Schall einer gewaltigen Explosion, die in jener umstrittenen Nacht das ganze Wohnviertel erschüttert hat.

Der Martin hat damals nachweislich keine Briketts, sondern einige Scheitlein Holz von wem auch immer nachgelegt, ist am Sofa ausgestreckt gewesen und hat teils einer schönen Volksmusik im Fernseher gelauscht, teils dem Knistern aus dem Kachelofen, teils auch dem »Bflobb« des Bügelverschlusses an der Bierflasche, wenn er sich öffnet. Es hat also tiefer Frieden geherrscht. Und dann mitten in den Sofafrieden hinein die Detonation. »Des hodd einen Schlooch dou, Herr Richter«, erinnerte sich der Martin, »dassi in erschdn Momend gmaand hob: Selbstmordaddendääder, Daliban odder wos. Also wos Religiöses. Direggd ausn Uufn raus! Es Uuferdiirla is mer ganz gnabb am Kubf vorbeigfluung! Stichflammen, numool ein Drimmer Schlooch und nocherdla suu a Geräusch, ungefähr Wuiiiiiiiii, Wuiiiii und numol Wumm. Ganz genau asuu wäi ein Bauerbeller, wou mir vurigs Joohr an Silfesder g'habd hom.« – »Wie bitte?«, fragte der Vorsitzende. »Bauerbeller, Kanonerschlooch odder suu ähnlich. Wäis hald die Bollizei ermiddld g'habd hodd.« Also ein silvesterlicher Power-Böller. Gemäß gutachterlicher Ermittlung soll der Angeklagte Dieter H., Inhaber immenser Holzscheitleinvorräte, nach Entdeckung des regelmäßigen Holzdiebstahls ein

Scheit präpariert haben: sorgfältig ausgehöhlt, mit einem schwarzpulverhaltigen Power-Böller befüllt, mit einem flachen Rundholz verschlossen und gut sichtbar markiert wieder in der Holzlege deponiert. Und eines Nachts muss dann der Nachbar entgegen seiner Beteuerungen, er sei kein Holzdieb, die nur äußerlich hölzerne Mittelstreckenrakete entwendet und mit ihr seinen Kachelofen geheizt haben. In der festen Überzeugung, es sei ein Hulzscheidla. Es war aber definitiv ein Bauerbeller.

Außer dem kaputten Uuferdiirla ist glücklicherweise kein Schaden entstanden. »Ja, also, es schdimmd scho«, räumte der Dieter nach längeren Vorhaltungen ein, »a boor vo meine Hulzscheidla sin hohl gween. Morsch, nä. Obber dassi dou einen Bauerbeller neigschuum hob – des konn i mer goornedd vuurschdelln. Häigsdns aus Verseeng. Dassis fiir nexds Jahr Silfesder aufheem hob wolln. Exblosionssicher, nä. – Außerdem«, fügte er noch hinzu, »außerdem konn i mid meine Hulzscheidla machen, wos i mooch, odder?« Konnte er nicht. Wegen Herbeiführung einer Bauerbeller-Explosion wurde Herr Dieter H. zu vier Monaten auf Bewährung und einer Geldbuße von 6 000 Euro verurteilt. »Wall Sie gsachd hom, wäi S' in Ihrn Uufn den Bauerbeller oozünd hom, dass Sie dou Volksmusik g'heerd hom«, sagte der Dieter nach der Verhandlung zu seinem Nachbar, »dou kenn i aa a Volkslied. Hom S' des scho g'heerd?« Und dann schmetterte der Dieter: »Leih mer amol dein Wasserkubf, mei Hulzbaa brennd, mei Hulzbaa brennd ...«

Das Schaschlikessen auf der Pyramide

Leider Gottes ist ja jetzt der weltberühmte Grinskistleinsmarkt samt der ihm innewohnenden Romantik schon vorbei, die Krippenepidemie weitgehend abgeebbt. Jetzt hätte man Platz zum Glühweinneibfeifn, wenn noch Glühweinstände mit ihrem köstlichen Brandblasentee da wären. Aber manchmal gibt es ein Nachspiel. Wie jetzt bei Herrn Harald G., welcher die erwähnte und oft ein bisschen zu gering eingeschätzte Romantik des Grisdkindleinsmarktes für längere Zeit im Gedächtnis bewahren wird.

Er hat damals im Dezember betreffs einem Weihnachtsgeschenk für seine Frau einen enorm guten Einfall gehabt: Er hätte seiner aus dem Erzgebirge stammenden Gattin eine original Erzgebirgsweihnachtspyramide, made in China, auf den Gabentisch gewuchtet. Betonung auf »hätte«, Konjunktiv, denn aus dem schönen Präsent ist leider nichts geworden. Gekauft hat er sie schon, für stolze 450 Euro, aber als Geschenk war sie dann nicht mehr einsetzbar. Frohgestimmt ist er damals nach dem Kauf fast schon auf dem Heimweg gewesen mit seinem Mordsdrümmer Pyramidenkarton. Aber Einkaufen macht manchmal hungrig und durstig, und er ist zunächst am Schaschlikstand angestanden, danach am Glühweinhäuschen. »Vuur der Schaschligg-Buudn«, sagte er jetzt vor dem Amtsgericht, »dou is a zimmli lange Schlanger gween. Und nou hobbi mein Karddong mit der Weihnachtspyramide an des Haisla schräg geengüber awalln hiigschdelld. Nedd dass anner hiihudzd in den Gwerch und nou is mei Pyramidn hii.«

Die schöne Pyramide immer fest im Blick, hat er bereits nach zwanzig Minuten sein Schaschlik in Empfang nehmen dürfen. »Und dou hobbi nou amol blouß a boor Sekundn nicht mehr aff mei Pyramidn hiigschaut. Und wäi ich nou in der rechdn Händ mei Schaschligg und in der linken Händ mein Glühwein und im Mund mei Gabel nüber zu mein Karddong balangsiert hob – dou hobbi gmaand, ich sich nedd richdich! Schdenger dou zwaa Frauen und der Moo dou direggd vuur mein Karddong, Herr Richter!« Vor dem Karton stehen, wandte der Richter ein, sej aber doch kein Verbrechen. »Ja, des nedd. Obber däi hom ja ihr Schaschlik aff mein Karddong abgschdelld g'habd! Und ihrn Glühwein aa! Aff meiner Frau ihrer Erzgebirgsweihnachtspyramidn! Ja, dou fehln der doch die Worte, odder?!«

Damals haben dem Harald die Worte keineswegs gefehlt. Schon ein bisschen genervt vom Christmas-Shopping, vom Glühwein-Balancieren, Rumschubsen und anderen romantischen Vorkommnissen hat er den bei seinem Karton gemütlich dinierenden Werner P. in vorweihnachtlicher Höflichkeit gefragt: »Hom Sie gwiss aweng in Oorsch offm?! Schaut bloß, dassder abhaut, des is mei Karddong! Kaffder eich aa a Weihnachtspyramidn um 450 Euro, nou kennder eier scheiß Schaschlik weecher mir draffschdelln!«

Worauf der angesprochene Werner nicht minder höflich dem Kartoninhaber dringend geraten hat, er möge zunächst einmal sein Maul halten. So hat dann erwartungsgemäß ein interessantes Wort das andere erzeugt, von »Haumdaucher, bläider« über »Zibflziecher«, »Bauernsau, gschrubbde« bis hin zu der rein rhetorischen Frage, ob gwiss jemand dem Werner, seiner Frau und seiner Schwägerin ins Hirn gschissn hodd. Damit ist aber der Schimpfwortschatz der zwei Abstelltisch-Streithähne erschöpft gewesen und man ist zur Tat geschritten. »Des is nou es Allerbeste gween«, sagte der Harald jetzt in der Verhandlung. »Sachd däi anne Frau zu mir, ich soll edzer dou ka suu a Deooder aufführn weecher den scheiß Karddong, und nou hoggd si däi Grouha, mid ihrn Drimmer Oorsch häddi edzer ball gsachd, hoggd si däi bridscherbraad aff meiner Frau ihr Pyramidn draff!«

»Stimmt nicht«, sagte Frau Lisa D., die Schwägerin vom Werner, »ich hob mi nedd aff den sein Karddong g'hoggd. Der Moo hodd mi draffgschubsd. Direggd in mein Schwager sei Schaschligg und in sein Glühwein nei.« Der Karton ist danach jedenfalls entschieden flacher gewesen, die der massiven Arschpressung ausgesetzte Weihnachtspyramide als solche nicht mehr erkenntlich. Aber die Lisa blieb dabei: Sie könne nichts dafür, dass der Harald seiner Frau einige Tage später eventuell ein paar Spreißerla Holz mit Schaschlikgeschmack und Glühweinduft zu 450 Euro unter den Christbaum gelegt hat. Der Meinung schloss sich auch der Richter an, die Lisa und der Werner wurden vom Vorwurf der vorsätzlichen Zerstörung einer Weihnachtspyramide freigesprochen. »Schood derfiir«, sagte der Harald danach ziemlich gedämpft zu seiner Gemahlin, »dass die Pyramidnschbidz nedd in dera Frau schdeckn bliem is. Wall, nou häddn der Ochs und der Esel aff ihrn Oorsch Karussell foohrn kenner.«

Der pädagogische Papagei

Beim Autofahren werden der Mensch und die Menschin wenn nicht zu Hyänen, so doch zu Hydranten. Es fließen aus ihnen oft Wörter heraus mit 150 atü Wasser- beziehungsweise Speicheldruck, sodass man über seine eigene Ausdruckskraft oft selber ganz erstaunt ist. Wortschöpfungen wie »Brunsverreggdsoorschluuchsaudumms! Bläid wie Schifferscheiße, obber Auto foohrn wolln!« sind keine Seltenheit. Aber sie haben den Vorteil, dass sie infolge geschlossener Autofensterscheiben meist ungehört vom Empfänger verhallen.

Anders verhält es sich mit der entsprechenden Signalgebung. Das spechtartige Klopfen mit dem Zeigefinger an die Stirn kann vom gegnerischen Autofahrer ohne Weiteres gesichtet werden und kostet dann vor Gericht je nach Klopf-Frequenz zwischen 600 und 1 000 Euro. Dieser stolzen Summen ist sich der Rentner Wolf-Dieter P. offenbar bewusst gewesen, als er im vergangenen Spätherbst in aller Ruhe stadtauswärts geschlichen ist. Wie es sich gehört, auf der linken Seite der zweispurigen Straße. Links deswegen, weil er wohl irgendwann einmal links abbiegen hat wollen. Womöglich wäre er aber fahrschulgemäß rechts gefahren, hätte er gewusst, dass sich hinter ihm in Gestalt von Herrn Siegfried L. jenes Exemplar von Verkehrserzieher befindet, welches man ohne Weiteres in die Reihe namhafter Missionare einordnen kann. Ihr Missionsauftrag lautet: allen Verkehrsteilnehmern durch heftige Demonstrationen die exakten Vorschriften der Straßenverkehrsordnung mitteilen.

»Des wird mer ja nu derfn«, sagte der Siegfried in der Verhandlung gegen den Wolf-Dieter, »dass mer an Autofoohrer, der wo vom ordnungsgemäßn Autofoohrn null Ahnung hodd, zeichd, wäi es Autofoohrn geht.« Ja, es sei richtig, sagte er, dass er Herrn Wolf-Dieter P. rechts überholt, sich sodann links vor ihn gesetzt und ihm winkend und blinkend mitgeteilt habe, dass ein Autoverkehr grundsätzlich auf der rechten Fahrbahn erfolgt, auf die er wieder eingeschert sei. »Und nou«, fuhr er fort, »nou fährt der widder links an mir vorbei und an der nexdn Ambl hommer alle zwaa haldn mäin und nou zeichd mer der einen Vogel, suwos hobbi nunni gseeng! Ich hobs mid mein Händy fotografiert, Herr Richter.« Auf dem Beweisfoto hat man aber mitnichten sehen können, dass der Wolf-Dieter sich damals mit dem Zeigefinger auf die Stirn getippt hat. »Ich hob nern kann Vogel zeichd, Herr Richter«, sagte er. »Suwos dääd ich nie machen. Ich hob nerbloß mein Cocco aweng zum Fenster nausschauer loun. Cocco schreibt mer mit drei C, gell. Im Fall, dass Sie's notiern wolln.«

Dazu muss man wissen, dass der Cocco mit drei C ein westafrikanischer Graupapagei ist, für den es nichts Schöneres auf Erden gibt, als auf dem Beifahrersitz mit seinem Herrchen Auto zu fahren. Ob auf der linken oder rechten Fahrspur, ist dem Cocco wurschd. »Ja, des mäinsersi amol vuurschdelln«, wetterte der Verkehrserzieher Siegfried L., »häld der Moo mir an der Ambl einen ausgwachsner Babbagei hii! Und dauernd hodder aff den Babbagei hii deut. Dassis aa gwieß wass, dass ich einen Drimmer Vuugl hob.« Der wegen massiven Vogelzeigens angeklagte Wolf-Dieter P. wehrte sich aber entschieden gegen den Vorwurf, er habe dem Siegfried einen Vogel gezeigt. »Mei Cocco is doch ka Vogel in den Sinn. Des is mei bester Freind, ein echter Kamerad. Und hochindelligend fei, Herr Richter. Der konn auch reden. Des derf i Ihner goornedd soong, wos mei Cocco gsachd hodd, wäi ich ihn damals den Moo dou im Auto neber mir zeichd hob.«

Der Richter wollte es auch gar nicht wissen, vertrat aber die Meinung, dass der Cocco rein biologisch gesehen halt doch ein Vogel ist und damals vermutlich als Symbol für die Signalisierung der Doofheit von Herrn Siegfried L. herhalten hat sollen. »Auf gar keinen Fall«, blieb der Wolf-Dieter dabei, »der Cocco hodd zum Fenster nausschauer wolln und nou hobbin hald aweng hochg'huum, dasser wos sichd.« Und noch einmal: »Mei Cocco is ka Vogel. Der is gscheider wäi die masdn Menschen. Und wenn S' mer des nedd glaum, Herr Richter, und denner mi verurteiln, nou gäih ich bis vuurs Bundesverfassungsgericht! Und dou nimmi nou fei mein Cocco mit. Der sachd eich nou scho, wer dass dou ein Vogel is.« Vermutlich aus Furcht vor dem Bundesverfassungsgericht wurde der Wolf-Dieter trotz erheblicher Bedenken freigesprochen. »Und edzer«, vertraute der Wolf-Dieter seinem Kontrahenten nach der Verhandlung an, »edzer konn i Ihner aa soong, wos mei Cocco gsachd hodd, wäi er Ihner damals gseeng hodd – ›Oorschluuch, bläids‹ hodder gsachd. Also hodd der Cocco gsachd, nedd iich, gell! Auf Wiedersehn bis zum nexdn Mal.«

Sexismus jetzt auch im Supermarkt

Nirgendwo lauert die Versuchung so hinterfotzig wie in einem Supermarkt. Man betritt ihn mit dem Ziel, einen Suppenwürfel zu erwerben, und verlässt die nach den neuesten Erkenntnissen der gehobenen Tiefenpsychologie eingerichtete Animierhalle mit zwei Einkaufswagen voll Sonderangeboten, dass man ohne Weiteres selber eine kleine Ladenkette eröffnen könnte. Dieser wissenschaftlich gut erforschte Kaufdrang, die chronische Geldbeutel-Inkontinenz, ist auch schuld dran gewesen, dass der bislang unbescholtene Heilpraktiker Michael B. sich verschiedener Delikte schuldig gemacht hat. Unter anderem Mineralwasserschaden, halbwegs öffentlicher Striptease, fahrlässiger Sexismus, Beleidigung, Ladendiebstahl. Hätte er sich damals an den Befehl seiner Ehefrau gehalten und einen Weißwurstsenf zu 2,99 Euro gekauft und sonst nichts, wäre der Einkauf harmonisch verlaufen. So aber hat von einer Harmonie nicht im Entferntesten die Rede sein können.

»Also erschdns amol«, sagte der Michael vor Gericht, »erschdns amol hob ich nicht ums Verreckn den Sembf gfundn. Also den Weißworschdsembf.« Senf habe es in Hülle und Fülle gegeben, vom Senf aus Dijon bis zum Delikatess-Feigensenf. »Obber Weißworschdsembf – nix!« Auf der verzweifelten Suche nach Händlmaiers original Weißwurstsenf hat der Michael einen ziemlich zerwühlten Wühltisch passiert mit einem Sonderangebot ohnegleichen: eine wasserabweisende, winddichte, knöpf- und reißverschließbare, fivepocket-haltige Allwetterwanderhose mit Bündchen und Safety-Gesäßtäschchen zu 9,99 Euro, also nahezu geschenkt. Vor ihr hat er lang verweilt. Schließlich hat er eine Umkleidekabine gesucht, die es in einem Supermarkt aber nicht gibt. Also hat der Michael eine der zahlreichen Allwetterwanderhosen ergriffen und ist mit ihr hinter dem Mineralwasserregal verschwunden.

»Wall«, hat er dem Richter erklärt, »wall ich hobs doch erschd amol brobiern mäin, nä. Und nou hobbi hald mei Huusn auszuung, und des konn scho sei, dass dou ausverseeng mei Underhuusn aa aweng roogrudschd is. Obber ich bin dann ganz schnell in die Wanderhuusn neig'hubfd.« Aus der der Michael aber dann um ein Haar nicht mehr rausgekommen ist, da es sich um eine Beinkleidung der Größe XXL gehandelt hat. »Nou hobbi mi widder rausgworschdld. Und nou hobbi mei Huusn widder oozäing wolln, obber die woor nimmer dou.« Auf der Suche nach seiner Hose hat er aus Versehen zwei Kästen Mineralwasser zu Fall gebracht, einige Flaschen sind dabei zu Bruch gegangen, sodass jetzt das Tragen einer wasserabweisenden Allwetterwanderhose durchaus angebracht gewesen wäre. »Edzer«, sagte der Michael vor Gericht, »edzer binni ohne Huusn hindern Mineralwasser gschdandn. Und nou hobbi anner Frau gsachd, obs mer nedd vorna an den Wühltisch numol suu a Wanderhuusn bringer kennd. Obber nicht XXL. Wenn's geht, aweng glenner.«

Die Dame hat ihm trotz einiger Befremdlichkeit bezüglich des vorübergend hosenlosen Mineralwasserwerfers den Wunsch erfüllt, Minuten später ist er in eine fast passende Allwetterwanderhose geschlüpft. »Und nou, Herr Richter, nou is mer der Weißworschdsembf widder eigfalln.« Erneut hat der Michael nach Senf gefahndet, aber wieder vergeblich. »Ich hob mer nou denkt, scheiß aff den Weißworschdsembf, nou ess mer hald unsere Weißwörschd dahamm amol ohne Sembf.« Wie er den

Supermarkt verlassen hat wollen, ist an der Kasse ein Pfeifton erschollen. Alarm wegen der nicht nur wasserabweisenden und winddichten, sondern jetzt sogar auch pfeifenden Allwetterwanderhose. Im anschließenden Tumult hat ihm die Kassiererin befohlen: entweder die Allwetterwanderhose sofort zahlen oder ausziehen und warten, bis der Hausdetektiv kommt. »Wassd woos!«, hat da der Michael nach übereinstimmenden Zeugenaussagen gebrüllt, »ich bin doch nedd euer Bausnkaschber! Erschd hobbi a Huusn oog'habt, däi is mer bis zon Hals naafganger, nou is mei eichne Huusn verschwundn gween, jemand hodd mi vull Mineralwasser gschidd, an Weißworschdsembf hobder aa kann, obber an Hausdetektiv – edzer kennder mi alle aweng am Oorsch leckn.« Womöglich zur besseren Verrichtung hat er die Allwetterwanderhose an der Kasse ausgezogen, dabei allerdings nicht berücksichtigt, dass seine lange Unterhose beim mehrfachen Umkleiden hinterm Mineralwasserregal abhanden gekommen war. Wegen Beleidigung, Ausdruckstanz mit entblößtem Hintern, Ladendiebstahl und Bewässerung der Getränkeabteilung ist er zu einer Geldstrafe von 1 400 Euro verurteilt worden. Ob er betreffs des Urteils noch was sagen wolle, fragte ihn der Richter. »Naa«, antwortete der Michael, »zu den ganzn Sembf dou sooch i ibberhabbs nix mehr.«

Willy, der Trockenhaubentaucher

Angesichts mancher Haupthaargebilde möchte man zwar oft das Gegenteil vermuten, aber es ist verbrieft: Die meisten Leute und auch Leutinnen suchen ihren jeweiligen Hairstylisten im Zustand vollkommener Nüchternheit auf. Also so gut wie unbetrunken. Auch wenn sie nach eineinhalbstündigem Hairdressing gefärbt, gezopft, gesträhnt, gewellt, gelockt, getürmt, gegelt und vor allem ziemlich geldgebeutelt wieder von dannen schreiten und Betrachter der jeweiligen Oberkopfarchitektur ihnen ohne Weiteres eine mittlere Unzurechnungsfähigkeit im Sinn der § 20 und 21 StGB zubilligen würden. Im Falle des Fliesenlegermeisters Willy L. stellte sich aber jetzt die durchaus berechtigte Frage, wie weit damals vor einem Vierteljahr eine Zurechnungsfähigkeit noch greifen hat können. Polizeilicherseits jedenfalls sind nach seiner denkwürdigen Flucht aus dem Friseursalon 1,9 Promille ermittelt worden.

Für die Promille, sagte der Willy, sei in keiner Weise er verantwortlich, sondern vielmehr die Friseurmeisterin Viola K. höchstpersönlich. »Wall, wäi ich in den Frisörladen nei bin und hob mi in Sessl g'hockt, dou sachd däi Frau zu mir, ob ich einen Termin habe. Hobbi gsachd, ja, dass ich einen Termin habe. Und zwar muss ich in anner Stund widder in der Ärwerd sei. Und sie soll mer edzer die Hoar schneidn.«

Termine in der Ärwerd und Termine beim Friseur sind aber zwei grundverschiedene, praktisch unvereinbare Zeitabsprachen, und so hat der Willy plötzlich über eine Stunde Leerlauf verfügt. »In anner Stund hädd ich eine Chance, dassi drookumm, hodds gsachd, und ich soll awalln neemdroo in die Pils-Bar gäih. Hodds gsachd.

Also bin i in däi Pils-Bar ganger.« Was er da gemacht habe, fragte der Richter. Der Willy antwortete mit einer Gegenfrage: »Wos däädn Sie in anner Pils-Bar machn? Pils sammeln, odder? Hobbi mer hald a Pils neibfiffn. Odder zwaa.« Und nach einigem Nachdenken: »Solln's drei gween sei. Odder fümbf odder acht. Obber mehr nedd.«

Wieder zurück beim Termin im Friseursalon hat der Willy unter dem Eindruck von einem, zwei, drei, fünf oder auch acht Pils entschieden, dass er am Kopf eine vollkommene Neuschöpfung braucht, und zwar kastanienbraun gefärbte, dauerwellenartige Löckchen, woran er sich später aber nicht mehr erinnern konnte.

Bereits während der Umfärbung von Silberreiher auf Kastanienbaum ist Herr Willy L. nämlich ein bisschen eingenickt und eine halbe Stunde später hat er infolge der Wärme und der Biere unter der Trockenhaube gottserbärmlich geschnarcht. Und wie er aufgewacht ist, soll er nach den Angaben der Friseurin Viola sein Spiegelbild angebrüllt haben: »Ja, wäi schaut denn däi Schwuchtl dou aus! Wäi hodd si denn der herrichdn loun! A verschrumblds Gsicht und hellbraune Haar! Und Lockn! Der schaut ja aus wäi a Versuchskaninchen, wou si als Närmbercher Alters-Grisdkindla bewerb'n mecherd!« Und wie der Willy gemerkt hat, dass es sich bei dem Alters-Christkind um ihn beziehungsweise um sein Spiegelbild handelt, ist die erwähnte Unzurechnungsfähigkeit in Kraft getreten. Mit den Worten »Hom Sie gwiss in Oorsch offm odder wos?!« – eine ziemlich intime, an die Viola gerichtete Frage – ist er aufgesprungen und aus dem Salon gerannt.

Dabei hat er allerdings vergessen, dass er sich mit dem größten Teil seines Kopfes im Inneren einer Trockenhaube befunden hat. Mit ihr am Kopf ist er vor die Tür getaumelt, hat die Friseurmeisterin als selten dumme Sau bezeichnet – und war verschwunden. Kurze Zeit später haben ihn zwei Polizeibeamte in der Pils-Bar nebenan aufgespürt. Schwer ist die Fahndung nach dem flüchtigen Friseurrechnungspreller nicht gewesen. »Mir hom nern glei kennd«, sagte einer der Beamten aus, »wall, der hodd immer nu die Trocknhaub'n am Kopf g'habt.« Die vorläufige Festnahme ist dann aber doch nicht ganz einfach vor sich gegangen, weil der Willy einem der Polizisten die Dienstmütze vom Kopf gewischt und ihm stattdessen die Trockenhaube aufgesetzt hat. Und dazu hat er die Staatsgewalt angelallt: »Edzer gäihsd niiber zum Frisör und schausdi in Schbiegl! Nou siggsd amol, wie ein Trocknhaubntaucher ausschaut.« Wegen Widerstand, Beleidigung, Sachbeschädigung einer Trockenhaube und Nichtbezahlens der braungefärbten Dauerlöckchen in Höhe von 85 Euro wurde der Willy zu drei Monaten auf Bewährung und 700 Euro Geldbuße verurteilt.

Wie verfasst man ein Arbeitszeugnis?

Warum ein Arbeitszeugnis Arbeitszeugnis heißt, weiß man nicht. Denn eigentlich müsste es dem Wortsinn nach von einer Arbeit zeugen, tatsächlich zeugt es aber von nix. Denn es ist gesetzlich verankert: Ein Arbeitszeugnis muss eine schöne, aquarellhafte Sache sein, geschmeidig formuliert, weitgehend realitätsfern und wahrheitsfrei, soll von großem Eifer zeugen, ameisenartigem Fleiß und uferloser Aufopferung für die Firma. Das gilt erst recht für leitende Angestellte. Herr Dr. Horst B., ein Chef aus rechtem Schrott und Korn, hat jetzt aber ein Arbeitszeugnis in Empfang nehmen dürfen, welches an Deutlichkeit nichts zu wünschen übrig gelassen hat.

Vor Gericht musste sich sein ehemaliger Mitarbeiter Bertram W. verantworten. Der Bertram ist im Unternehmen für niedrige Dienste wie Nussschneckenholen, Kaffeekochen oder Auswechseln von Handtuchrollen zuständig, keinesfalls aber für das Erstellen von Arbeitszeugnissen. In der Verhandlung gegen ihn wegen Verfassens eines Arbeitszeugnisses mit kleinen dichterischen Freiheiten äußerte er sich zu den Vorwürfen wie folgt: »Ich glaub, der Herr Dr. B. schbinnd hochgradig. Ich hob des Zeuchnis nedd gschrieb'n. Und edzer soochi goornix mehr.«

Dass Herr Dr. B. hochgradig spinnt, musste der Bertram auf dringende Intervention seitens des Richters zurücknehmen, dann sagte er tatsächlich nix mehr. Und das hohe Gericht ließ das beanstandete Arbeitszeugnis, welches dem Dr. B. an seinem letzten Arbeitstag von unbekannter Hand auf den Schreibtisch gelegt worden war, verlesen. Es lautete: »Arbeitsverweigerungszeugnis. Herr Dr. B. war vom 1. Juni 2012 bis 31. Dezember 2012 bei uns hochgratig underbeschäftigt. Er is ein selten blöder Hunt und hat in dieser Eigenschafft von früh bis abends rumgepellt und gekläfft. Vom Duden und Blasen hat er keine Anung gehabt. Höchstens vom Blasen, aber das entziht sich unserer Kentnis. Auser als Hund hat er auch noch als faule Sau bei uns gearbeitet, das ihm der Schweis runtergelaufen is. Es war aber wahrscheins kein Schweis, sondern Freudentränen, das er so Deppen wie uns findet, wo seine Arbeit mitmachen und er sich derweil die Hucke voll verdienen kann. Nebenbei hat er auch noch in der Fertriebsabteilung geschnarcht und in ihr oft Schnaps gesoffen, bis er voll war wie eine Strandhaubitze. Als selten blöder Hunt, als faule Sau, als Schnarchzapfen, Depp und Strandhaubitze hat er alle Anforderungen zu unserer großen Zufriedenheit erfüllt. Auf seinem weiteren Berufsweg wünschen wir ihm, das er auch einmal so einen Forgesetzten kriegt, wie er is, und das er dann vor Verzweiflung nachts in Bett brunst. Vielleicht sehen wir uns einmal in der Sauna, wo wir nackert auf der Britsche ligen, dann kann er uns von unten her aus voller Zunge am Arsch lecken. Hochachtungsvoll, die Beleckschaft.«

»Des sogenannte Arbeitszeugnis«, sagte Herr Dr. B. als Zeuge aus, »des kann bloß der Herr W. gschriem ham. Weil mit dem hab ich dauernd ein Gfrett g'habt. Wenn ich den zum Beispiel zum Nussschneckn-Einkaufen g'schickt hab, früh um halb neun, dann is er nachmittag um halb zwei wieder erschienen. Aber nicht mit Nussschneckn, sondern zum Beispiel mit einer Tafel Nussschoglaad. Und wenn ich es moniert hab, dann hat er zum Beispiel beim Nausgehen gemurmelt ›Edzer frisst den Nussschoglaad, Depp‹. Aber ich hab es schon gehört, weil ich zum Beispiel sehr gut hör. Und dann hab ich ihm eine Abmahnung erteilt.« Zum Beispiel.

Als Beweis für das Verfassen des eher einer Flaschenpost ähnelnden Arbeitszeugnisses reichte der Irrtum mit den Nussschnecken und der Nussschokolade aber nicht aus. Als Nächstes probierte es der Richter mit den zahlreichen Rechtschreibfehlern in dem Arbeitszeugnis aus. Aber der Bertram, der jetzt doch wieder was sagte, bestand alle orthografischen Nachfragen von hochgratig bis Fertriebsabteilung oder Beleckschaft und mit wie vielen »s« man »dass« schreibt mit Bravour. Unter erheblichem Protest der Ex-Strandhaubitze Dr. Horst B. wurde der Bertram, trotz dringenden Tatverdachts, mangels Beweises vom Vorwurf der Beleidigung freigesprochen. »Wenn ich edzer blouß nu droo erinnern derferd«, sagte der Bertram, »der Herr Dr. B. is ja leiter Goddes nimmer ba uns. Und ob ich vo ihn efendwell ein Zwischnarbeitszeugnis hoom kennd? Obber ans ohne Rechtschreibfehler. Falls er des allaans zammbringt ...«

Das falsche Elflein

Im Alter, ungefähr nach dem sechsten Lebensjahrzehnt, wird alles ein bisschen weniger: die Sehschärfe, die Zähne, die Haare, die Lautstärke im Ohr, die Zukunft und natürlich auch das Erinnerungsvermögen. Jüngere Herr- und Frauschaften machen sich den »abnehmendem« Menschen gelegentlich mittels des sogenannten Enkel-Tricks zunutze, indem sie einer Uroma weismachen, sie seien der verschollen geglaubte Enkel aus Wuppertal und brauchten gschwind 5 000 Euro. Alles, was dabei stimmt, ist, dass sie 5 000 Euro brauchen.

Inzwischen hat sich der Enkel-Trick in hiesigen Austragsstübchen und Senioren-Stiften aber herumgesprochen, und es bleibt einem frei erfundenen Pseudo-Enkel penunzenmäßig oft das Lügenmaul sauber. Aber mit der Eitelkeit älterer Männer und schönen Andeutungen auf dem Gebiet der Seniorenerotik kann man in der Geldbeschaffungsbranche noch Geschäfte tätigen. Ein leuchtendes Beispiel ist der Fahrradmechaniker Manfred N.

Er ist im vergangenen Herbst durch die Fußgängerzone gelustwandelt, hat die letzten Sonnenstrahlen genossen, am Bankautomat ein Geld abgehoben und ist auch sonst in angenehmer Stimmung gewesen. Noch angenehmer hat sich die Stimmung entwickelt, wie der Manfred anlässlich einer Tasse Nachmittagskaffee plötzlich von einem Paar schwarzer Augen sehr lang und sehr vielversprechend fixiert worden ist. Die zwei schwer in seinem sonst eher öden Triebleben lastenden Augen haben einer Frau Elfi gehört.

»Däi Frau«, sagte der Manfred jetzt vor dem Amtsgericht als Zeuge und Geschädigter, »däi Frau hodd dauernd aff mich herglodzd. Ich bin scho ganz nerwöös worn, gell. Dass irchndwos nedd schdimmd ba mir, Kiddl verkehrt gnöbfd odder an Fleckn am Hemmerd. Odder dassi aus Verseeng mei Huuserdiirla nedd zougmachd hob.« Dann ist aber von einer Sekunde auf die andere alles klar gewesen. Die Dame mit dem tiefen Blick und dem auch nicht gerade untiefen Blusenausschnitt ist hochgesprungen, hat sich in den freien Stuhl neben dem Manfred fallen lassen und dabei gejauchzt: »Ja, des gibt's doch nedd! Der Heinzi! Du bisd doch der Heinzi, odder?! Vo der Breitscheidschdrass!«

Der Manfred ist aber eigentlich nicht der Heinzi von der Breitscheidstraße gewesen, sondern der Manni von der Wölckernstraße. Das ist aber der Elfriede, angeblich seinerzeit die Elfi aus der Harsdörfferstraße, wurschd gewesen. »Ner gloor, der Heinzi!«, hat sie weiter gejubelt, »der Heinzi vo der Breitscheidschdrass! Vuur dir is doch ka Rockzibfl sicher gween, damals. Schausd ja immer nu gut aus. Alle Achtung!« Und von da an ist es auch dem Manfred wurschd gewesen, ob er der Heinzi oder der Manni ist, ob aus der Breitscheid- oder aus der Wölckernstraße. Man hat noch zwei Kaffee bestellt, zwei Gläslein Prosecco, erneut zwei Gläslein, und die Erinnerungen haben ihren Lauf genommen: erregte Heimbegleitungen nach der Tanzstunde, interessante Erkundigungen bei nächtlichen Spaziergängen rund um den Dutzendteich, feuchte Begegnungen im Baggerloch. Zum Äußersten sei es damals vor vielleicht 40 Jahren leider nie gekommen, sagte die Elfi aus der Harsdörfferstraße, inzwischen schon eng an den Manfred geschmiegt, aber man könne ja die alten Zeiten wieder aufleben lassen. Ein bisschen komisch ist es dem Manfred allerdings schon vorgekommen, weil er damals nie in einer Tanzstunde gewesen ist, auch nie Erkundigungen an einer gewissen

Elfi, sei es am Dutzendteich, sei es am Baggerloch, vorgenommen hat. Und wie die angebliche Elfi plötzlich aufgeschrien hat »Allmächd, mei Boddmonnee is fort!«, hätte es ihm eigentlich dämmern können. Aber Eitelkeit, einige wärmende Handgriffe seitens der Elfi und ein in Aussicht gestelltes Wiedersehen auf Baggerlochbasis sind stärker gewesen.

Die Elfi hat also geschluchzt, dass alles verloren ist, Geld, Papiere, Kreditkarten, dass sie jetzt aber einen Brillantring beim Juwelier abholen muss, und ob der gute alte Manni, mit dem sie sich nächste Woche ganz bestimmt wieder trifft, nicht zufällig 1 000 Euro leihweise einstecken hat. 1 000 Euro hat der Manfred nicht ganz aufbieten können, aber immerhin 300. Und er kriegt sie ganz bestimmt nächste Woche wieder zurück, und als Zinsen einen kostenlosen Verkehrsunterricht daheim bei der Elfi. Leider hat sich dann herausgestellt, dass der Manni auf eine Wiedersehensbetrügerin hereingefallen ist. Die von der sogenannten Elfi angegebene Adresse war falsch, die 300-Euro-Leihgabe weg, von etwaigen Bohrarbeiten am Baggerloch ganz zu schweigen. Dank einer sehr genauen Personenbeschreibung hat die Polizei die Elfi, welche Waltraud heißt und schon aktenkundig war, ermittelt. Frau Waltraud G. muss jetzt wegen Betrug sechs Monate einsitzen. Ob der Manni, der kurzfristig Heinzi geheißen hat, seine 300 Euro wieder kriegt, steht in den Sternen überm Baggerloch. Denn laut den Polizeiakten warten noch drei andere Heinzi auf ihr Geld.

Sigi Grimms Märchen

Der etwas ältere Freund nebelhafter Nächte und übelkeitserregender Sonnenauf- und Mageninhaltsabgänge weiß es womöglich noch: dass es sich bei »Grimms Märchen« nicht nur um fragwürdige Erzählungen der Gebrüder Jacob und Wilhelm Grimm handelt, sondern auch um ein nicht minder fragwürdiges Getränk. Grimms Märchen – benannt nach dem einstigen Vereinsheim-Wirt des 1. FC Nürnberg Sigi Grimm – birgt nach alter Großväter Sitte einen doppelten Asbach in sich, gekrönt von einer Zitronenscheibe mit einem Häubchen aus Kaffeepulver und einer dünnen Schicht Zucker. Man legt die Zitrone samt Kaffee und Zucker in den Mund, schüttet die 4 cl Asbach nach, verrührt alles sorgfältig mit der Zunge und lässt es sodann die Trinkröhre hinabgleiten. Nach circa fünf Grimms Märchen verspürt man einen Lallinger, dass es nur so pfeift in der Leber.

Man muss dieses anheimelnde Rezept aus zwei Gründen erwähnen: Erstens, das Getränk Grimms Märchen, besser bekannt als Nikolaschka, erfährt derzeit eine Renaissance großen Ausmaßes. Und zweitens hat sich jetzt ein enorm seltenes Zusammenwirken der literarischen Grimms Märchen mit den alkoholischen Grimms Märchen ereignet. Beides vereint in der schwankenden Gestalt des Gartenbaumeisters Rudolf B., welcher jetzt dem hohen Amtsgericht erläuterte, warum er vor drei Monaten mit einem Preller von amtlich ermittelten 2,2 Promille sein nicht ganz geländegängiges Auto erst durchs Gelände und dann in einen Bach am Straßenrand gelenkt hat. Die Herkunft der 2,2 Promille konnte der Rudolf ohne Weiteres erklären: »Wall der Ding, der Higgers, hodd Gebozzdooch g'habt, Herr Richter. Essn hommer selber zoohln mäin, Getränke woorn frei. Und nou hob ich nerdirli nix gessn, außer die Zitronerscheim vo den Nikolaschka.« Überschlägig sollen es zwischen acht und zehn Nikolaschka gewesen sein, also praktisch 20 Asbach mit Zitrone, Zucker und Kaffeepulver. Und ein paar Bier zum Nachspülen. »Obber Auto gfoohrn in den Sinn bin ich nicht! So wahr ich hier sitze!«

Vielmehr habe er sich infolge seines Vollprellers nachts um zwei auf den Rücksitz seines Autos gelegt, in eine Decke gehüllt und sei sofort in einen äußerst tiefen Tiefschlaf gefallen. »Wall nach zehn Nikolaschka, dou bisd du bragdisch bewusstlos. Dou braugsd kanne Schlafdableddn! Des glabbsd!« Plötzlich sei der Rudolf aber trotz seiner örtlichen Betäubung wieder erwacht. »Wall, aff aamol hob ich in Motor vo mein Auto g'heerd. Und nou simmer dervoogfoohrn. Also vorna am Steuer der Moo, den wo ich nicht kenn, und ich hintn in die Deckn neigwiggld.«

Für den Rudolf ist der Kriminalfall völlig klar gewesen: Während er sich im Heilschlaf vom Genuss der Zerzabelshofer Traditionscocktails erholt hat, ist ein nach Beute suchender Autoknacker um sein Fahrzeug geschlichen, hat den im Zündschloss steckenden Schlüssel entdeckt, nicht aber den in seine Decke vollkommen eingerollten Rudolf am Rücksitz, und ist auf und davon gebrettert. »Und nou«, fuhr der Rudolf fort, »nou bin ich aus meiner Deckn rausgrabbld, hob den Moo vorna aff die Schultern dibbd und hob nern gfrouchd, wos er dou macht. Und dann, Herr Richter, mouß der einen deroordichn Schock gräichd hoom, des konnsder goornedd vuurschdelln. Lenker verrissn, vo der Schdrass abkummer, die Böschung noo und nei in des Bächla! Grood, dass er nu die Tür aafbrachd hodd, und nou is er zu Fuß abg'haut, der Verbrecher.« Selbstverständlich habe er, der Rudolf, sein Auto vor dem Ertrinken in dem ungefähr fünf Zentimeter tiefen Bächlein retten wollen. »Und nou bin i vuur affn Fahrersitz grabbld und hob brobiert, dass i widder aus den Laama rauskumm. Und dou derbei is nou die Bollizei kummer.« Die Beamten seien aber in keiner Weise ihren Pflichten nachgegangen. »Däi Gnaller«, teilte der Rudolf dem Gericht mit, »schdadds dass den Autodieb verfolchd hom, homs ba mir einen Algerhol-Test gmachd. Und edzer wissmer nerdirli nedd, wer dass der Moo is, der wo mei Auto schdilln hodd wolln.« Der Amtsgerichtsrat blätterte ein bisschen in den Akten und fragte den Rudolf dann milde lächelnd, ob er im Zusammenhang mit dem unbekannten Autodieb schon einmal was von Grimms Märchen gehört habe. »Ner fraali«, jauchzte da der Rudolf, »Grimms Märchen! Gloor. Grimms Märchen, suu hodd fräihers doch der Nikolaschka g'hassn. Woher wissen edzer Sie des?« Der Richter, der den Zusammenhang zwischen Grimms Märchen und zehn bis zwölf Nikolaschka noch nicht gekannt hatte, glaubte dem Rudolf kein einziges Wort und verurteilte ihn zu 18 Monaten Führerscheinentzug, 2 800 Euro Geldstrafe und 7 Punkten in Flensburg. Und wenn der Sigi Grimm selig nicht schon vor langer Zeit gestorben wäre, lebte er noch heute glücklich und zufrieden.

Schuttrutsching, die neue Fun-Sportart

Was will uns das alte fränkische Sprichwort »No risk, no fun« sagen? Höchstwahrscheinlich kündet es von der Höhe des Risikos in Relation zur Gaudi. Also: je risker, desto funner. Was natürlich bedeutet, dass der Fun am größten ist, wenn die Chance auf ein Abnippeln for ever immer näher rückt. So sind im Lauf der letzten Jahre auch wunderbare Fun-Sportarten erfunden worden – wie Kite-Surfing, im Auftrag von der Firma Rotes Rimbviech (Red Bull) Himmel-Down-Hupfing, Fassaden-Climbing, S-Bahn-Jumping, Mount Everestverwertung, Home-Transporting im Zinksarg oder Canyoning.

Bei Canyoning wird man mittels starker Strömung durch ein Wildbachbett geschossen, vorher muss man aber noch, wie bei allen anderen Fun-Sportarten, zum Equipment-Kaufing. Weil, ohne dreifach verleimten Gummianzug und einem Schalter zum Hirn-Ausknipsing läuft man Gefahr, am Ende des Canyons als Hackfleisch anzulanden. Und gerade beim Equipment haben die Herren Norbert G. und Helmut R., Erfinder der völlig neuen Fun-Sportart Schuttrutsching, dummerweise am falschen Ende gespart. Vor allem Herr Norbert G. Auch war es jetzt vor Gericht strittig, ob dieser Norbert G. das Schuttrutsching freiwillig und einigermaßen bei Sinnen erfunden hat oder zwangsweise oder im Adrenalinrausch im Verbund mit einigen Bieren.

Urprünglich hätten der Norbert und sein Arbeitskollege Helmut ja gar nicht das Schuttrutsching erfinden sollen, sondern waren eigentlich von ihrem Chef eingeteilt, eine Wohnung in der Nordstadt zu entkernen. Die Wohnung hat sich im zweiten Stock befunden, und das entkernte Mauerwerk hat man durch eine sogenannte

Schuttrutsche, ähnlich den Wasserrutschen in einem Erlebnisbad, in die Tiefe rauschen lassen sollen.

Am Nachmittag ist die Wohnung schon schön entkernt gewesen. Auch haben der Norbert und der Helmut zur Bekämpfung des Feinstaubs überschlägig zwischen fünf und sieben Flaschen Bier entkernt. Und zwar die Letzten ihres Stammes. Und es ist die Frage aufgekommen, wer von den beiden jetzt in der Nachmittagshitze zwei Stockwerke runtertaumelt, einen neuen Kasten Bier kauft und sich mit ihm wieder zwei Stockwerke hochschleppt. Für den Helmut ist es keine Frage gewesen. »Du gäihsd noo«, hat er dem Norbert befohlen, »wall ich hob in erschdn Kasdn Bier raufdroong. Und in Bickl und die Hilti hobbi aa g'hulld, wallsders du Depp vergessn hosd.« Der Streit um die Biertransportfrage hat sich also immer mehr zugespitzt. Bis der Helmut zur gütlichen Einigung vorgeschlagen hat: »Nou hubfsd edzer hald in die Schuddrudschn nei, bisd in Nullkommanix drundn.« – »Ich bin scho bläid«, hat der Norbert sich gegen die Talfahrt gewehrt, »obber suu bläid aa widder nedd. Wenn i dou undn aafbrall, binni hii. Und wer dräächd nern nou den Kasdn Bier rauf?« Ab da gehen die Einlassungen der zwei Wohnungsentkerner stark auseinander. »Ich hob zu ihn gsachd«, sagte der Helmut jetzt vor Gericht, »dass mir am Schluss an Haufn Glaswolln und Dämmbladdn in die Rudschn neigschmissn hom und dass undn am Gehsteich alles budderweich is. Dou konn ibberhabbs nix bassiern. Und nou is der Norbert noog'hubfd.«

»An aldn Oorsch!«, brüllte der Norbert zurück, »der hodd mi baggd und mid die Baaner vuraus in die Röhrn neigschubsd. Und nou is derhii ganger, Herr Richter! Ich hob Todesschreie ausgschdoßn, konn i Ihner soong. Des mäin S' Ihner amol vuurschdelln – zwaa Stockwerk noo, bragdisch im freien Fall! Und undn ba der Landung woor nerdirli ka Glaswolln und ka Dämmbladdn. Däi hodd scho jemand wechgraimd g'habd.« Glücklicherweise hat die Schuttrutsche am Ende aber einen leichten Knick gehabt, sodass der Norbert einigermaßen waagrecht aus ihr herauskatapultiert worden ist. »Einen Trümmerbruch an der linkn Ferschn hobbi g'habt«, sagte der Norbert, »und wäi ich mich in den Schuttcontainer vuur Schmerzn krümmt hob, schreit der Doldi vo oomer durch die Röhrn nu roo, dassin außern Bier nu a Bäggla Zigareddn miidbringer soll. Marlboro light. Nou hobbi naafgschriea, dasser si seine Marlboro light weecher mir in Oorsch neischdeckn soll.«

Trotz dieser interessanten Details konnte jetzt aber mangels Zeugen nicht geklärt werden, wie der Norbert wirklich in die Rutsche geraten ist: im Tiefenrausch, im Bierpreller oder unter leichter Gewaltanwendung. Und der Helmut ist mangels Beweises freigesprochen worden. »Und aff den Kasdn Bier«, sagte der Helmut noch im Gerichtssaal zum Norbert, dem Erfinder des Schuttrutschings, »dou wardd i haid nu. Wall, zoohld hobbin damals fei scho g'habd …«

Wenn der Wein korkelt

Tischsitten im Restaurant gibt es sehr viele und sehr sinnvolle. Fisch soll man nur mit einem Fischbesteck zu sich nehmen, Kartoffeln niemals mit dem Messer schneiden, Spargel nicht in mundgerechte Happen zerstückeln, sondern in voller Länge zulln, und nach vollbrachter Mahlzeit niemals einen knattern lassen, höchstens nach Stadtwurst mit Musik, da die lautmalerischen Presswehen dann die Musik bilden.

Eine weitere, allerdings sehr diskussionswürdige Tischsitte besteht bei Bestellung einer Flasche Wein aus der Frage des weltläufigen Oberkellners »Wem darf ich das Probierschlücklein einträufeln?« Denn fast niemand weiß, was passiert, wenn sich ein Gast nach jenem Probieren eines superben Sauerampfers sinngemäß dahingehend äußert, der soeben getestete Wein schmecke irgendwie nach Arsch & Friedrich, sei ungenießbar, bestenfalls könne man mit ihm vielleicht draußen am Fensterbrett die Hängegeranien gießen, welche vor lauter Säureschock womöglich dann aber vom Hängen sofort ins aufrechte Strammstehen übergehen. Bringt dann der Ober einen neuen Wein? Wenn ja, welchen? Wer zahlt den Probierschluck? Wer kommt für die angebrochene Flasche auf? Was passiert mit dem Restwein?

Fragen über Fragen also, mit denen anlässlich eines Dinners zur Silbernen Hochzeit auch der Silber-Bräutigam Gerd K. konfrontiert war. Das Ungemach hat sich damals schon abgezeichnet, als Herr Gerd K. sich beim Studium der Weinkarte auf einen Bacchus Spätlese, Terroir Muschelkalk, Jahrgang 2010 konzentriert und gelesen hat, dass dieser Bacchus sich in der Nase auszeichnet durch eine Aromenvielfalt nach Maracuja, Pfirsich und

Stachelbeere. Dass er weiterhin seine volle Geschmacksexplosion im Duett mit kräuterduftigen Lammgerichten entfaltet, über Biss und feinfruchtige Eleganz verfügt und sich im Abgang in einen grünen Apfel verwandelt.

»Im Abgang einen gräiner Apfel?«, hat der Gerd den Oberkellner Gerald M. fragend angeblickt, »des kenndn ganz schäine Schmerzn sei, odder? Den Oorsch mecherdi seeng, wo a gräiner Apfel im Abgang durchpasst.« Und dann hat der Gerd dem Ober noch geraten: »Dou mäin S' hiischreim in Ihr Beschreibung: im Abgang Apfelmus. Des kennd durchpassen.«

Die Stimmung zwischen Ober und Gast ist also schon ein bisschen gespannt gewesen, wie der Gerd den anscheinend aus Stachelbeeren, Maracuja, Pfirsichen, feinfruchtiger Eleganz, abgängigen grünen Äpfeln und Geschmacksexplosionen bestehenden Bacchus probieren hat sollen. »Den konnsd nedd saufn!«, hat der Gerd nach dem ersten kräftigen Schluck geurteilt, »der korkelt!« Er hat aber gar nicht korkeln können, wie der Kellner den Gerd sogleich belehrt hat. »Der hat nämlich keinen Korken, sondern einen Schraubverschluss. Und er ist im Holzfass gereift.« – »Also gut«, sagte der Gerd, »nou korkelt er halt nedd. Wenn er an Schraubverschluss hodd, nou schraubelt er halt. Odder der bläide Gschmack kummt vom Hulzfass. Nou soong mer hald, er holzelt. Jedenfalls kommern nedd saufn.«

Zu seinen diversen Bemerkungen hat der Gerd immer wieder einmal ein Probierschlücklein zu sich genommen. Und nach jedem Schluck hat man hören können: »Eindeutig – der korkelt!« Oder: »Suu a Gsief! Dou gräigsd ja blaue Därm!« Oder: »Stachlbeern, Bfirsich, Maracuja, gräine Äbfl! Hobder nedd an Wein aus Weintraub'n odder wos?!« Oder: »Für mich schmeckt der Wein nach alte Wollsockn und Schwassler!« Wozu man wissen muss, dass es sich bei »Schwassler« um nicht mehr ganz taufrische, leicht verschwitzte Füße handelt. »Edzer bringer S' uns«, hat der Gerd schließlich geordert, »an andern Wein. Vielleicht an, der wo nach Wein schmeckt.« Was der Oberkellner Gerald auch getan hätte – wenn die Frage um die Bezahlung des korkelnden oder schraubelnden Bacchus geklärt gewesen wäre.

»Weil«, sagte der Ober jetzt vor Gericht aus, »der Herr K. hat die Flasche ausgetrunken g'habt. Die war leer.« – »Ja fraali woors leer!«, meldete sich der Gerd. »Der Ober hodd doch gsachd, ich soll brobiern. Und bam Probiern hodds aamol nach Bfirsich gschmeckt, aamol nach Stachelbeern, aamol nach gräine Äbfl und suu weiter. Und wäi der Moo gsachd hodd, ich soll edzer däi 34 Euro 50 fiir den scheiß Bacchus mit Schraubverschluss zoohln, nou hobbi zu ihn gsachd, er soll si däi Flaschn in Oorsch neischäim zammds in Schraubverschluss. Und nou simmer ganger, mei Frau und iich. Des woor a schäine Silberne Hochzeit!« Abgerundet wurde das Fest der Silbernen Hochzeit jetzt dadurch, dass der Amtsrichter Herrn Gerd K. wegen Zechbetrug und Beleidigung zu einer Geldstrafe von 900 Euro und zur Nachzahlung des Bacchus verurteilte. »Sin dou die Stachlbeern, die Bfirsich, die Maracuja und der gräine Abfl scho derbei«, fragte der Gerd in seinem Schlusswort, »odder mouß i däi extra zoohln …?«

Obacht, auch ein Efeu hat Ohren!

Ein guter Ruf ist ein angenehmer Zustand, so lang man ihn hat. Manchmal kommt er einem aber abhanden, und zwar meistens durch Weitergabe interessanter Details aus den Themenbereichen einige Zentimeter unterhalb der Gürtellinie. Frau Ingrid A., gelernte Fußpflegerin, ist vor ein paar Monaten in den Genuss eines sehr umfassenden schlechten Rufs gekommen, und zwar im Rahmen gesamt-nachbarschaftlicher Ermittlungen, welche am Schluss in ein Kaffeekränzchen gemündet haben und von dort der Inhaberin des schlechten Rufs zu Ohren gekommen sind. Die gefallenen Verleumdungen hat sich die Ingrid in ihr Tagebuch notiert und es als Beweismittel am Amtsgericht vorgelegt.

Angeklagt war die Nachbarin der Ingrid, Frau Beate K. Sie hat damals eine ihrer weitläufigen Bekannten, Frau Birgit B., zu Kaffee und Käskoung eingeladen und die-ser nach einer kurzen Einleitung über das Wetter, die Ausländerpolitik und diverse Skandale in europäischen Königshäusern sogleich die neuesten Nachrichten über ihre Nachbarin mitgeteilt. Ob sie es schon gehört habe? »Was?« – »Ner mit wos mei Nachbari ihr Geld verdient? Des glaubst du edzer nedd!« Worauf die zum Kaffee und zur Erörterung wichtigster Weltprobleme eingeladene Birgit, erschrocken wegen der Lautstärke der zu erwar-tenden Aufdeckungen ihren Zeigefinger an die Lippen gelegt und gewarnt hat »Nedd suu laut, mir hockn doch direkt neemdroo!«

Kein Problem, beruhigte die Beate ihre Freundin, die Nachbarin sei im Urlaub am Gardasee. »Däi bläide Schlumbl«, fügte sie noch hinzu, »däi heerd zwar es Gras wachsn, obber bis zum Gardasee noo, dou konns uns nedd heern.« Womit die Beate sicherlich recht gehabt hätte – wenn ihre Nachbarin an dem Nachmittag wirklich am Gardasee geweilt hätte. Sie ist aber wegen kurzfristiger Verschiebung des Urlaubs daheim gewesen, auf der Terrasse, höchstens zwei Meter von der Beate entfernt, getrennt nur durch ein gut schalldurchlässiges, efeubewachsenes Rankgitter. Und durch den Efeu hindurch hat man sodann die Beate Mitteilungen von oberster Geheimhaltungsstufe bekannt geben hören: »Däi Sulln, des Bridschla, wassd doch selber, wäi däi immer derheer kummd – frisch tüncht im Gsicht, Blasdigg-Fingernägl, Stöckerlas-Schouh, dass läffd wäi aff rohe Eier! Und derbei middn Oorsch waggln, dassd maansd, es gäihdera a Schieß durch die Därm durch! Wassd edzer, wos i maan?!«

Die Birgit hat es da vielleicht schon geahnt, aber immer noch nicht gewusst. »Nou soochis der edzer«, hat sich die Beate wieder in gut hörbarer Lautstärke vernehmen lassen, »ich wass vo der Meieri ihrer Schwäächerin, dera ihrn Kuseng und vo den sein Scheff die Budzfrau – däi Schnebfn, mei Nachberi, gäihd am Strich! Däi verdient ihr Geld im Beischlaf, däi Schnalln! Wos sagsdn dou derzou?!« Die Birgit hat vorläufig nichts dazu gesagt, dafür aber die Beate umso mehr. Dass sie es schon immer geahnt hat, dass sie es jetzt aber genau weiß, was für Füße die Nachbarin pflegt, nämlich den mittleren Beifuß ihrer ausschließlich männlichen Kundschaft. »Des moußder amol vuurschdelln«, hat sie ihrer Freundin noch anvertraut, »direggd neber mein Reihenhaus ein Buff! Ba uns in der Siedlung! Edzer kummsd du! Obber dera Nuddn, der leechi ihr dreggerds Handwerk, dera Wilzau! Des glabbsd!« Und wie die in schwerer Rage befindliche Beate aus dem käskuchenbetonierten Mund noch ein »däi

Schlambn, däi vernudelte, däi hodds faustdick zwischer die Baaner!« herausgepresst hat – in dem Moment ist plötzlich die am Gardasee vermutete Pseudo-Schnepfe Ingrid A. hinterm Efeu hervorgetreten. Und die Beate geistesgegenwärtig: »Ja, griss Godd Frau A.! Goornedd am Gardasee? Grood hobbis gsachd zu meiner Freindi, Baaner, hobbi gsachd, Sie hom immer suu gebfleechde Baaner, gell, Beate, hobbi gsachd. Und dass Sie suu eine angenehme Nachbarin sin. Wolln S' aa a Dässla Kaffee? A Schdiggla Käskoung is aa nu übrich.«

Die Ingrid hat ihrer Nachbarin aber mitgeteilt, dass sie jedes Wort gehört und schriftlich notiert hat, dass man sich vor Gericht wiedersieht und dass sie sich ihr Stückchen Käsekuchen in ihr Schandmaul stopfen soll, als Bfrobfn, dass aus ihr möglichst nichts mehr in die Öffentlichkeit dringt. Dieser Auffassung schloss sich in etwa auch der Richter an, und Frau Beate K. muss für ihre zweifellos interessanten, aber von wahrheitsgemäßen Tatsachen keinesfalls durchdrungenen Enthüllungen eine Geldstrafe von 800 Euro zahlen. »Probiern Sie's hald amol«, riet ihr die Ingrid, »als Schnebfm. Drei, vier gut bezahlte Hubferla – nou hom S' die 800 Euro doch scho banander.«

Trinken auf Rädern

Essen auf Rädern blickt bei uns auf eine ungefähr fünfzigjährige Vergangenheit zurück. Hingegen bildet das Trinken auf Rädern eine vollkommen neuartige Variante der Durststillung, welche ein Herr Willy B. anlässlich einer akuten Halsdürrekatastrophe erst vor Kurzem ins Leben gerufen hat. Ob das hiesige Rote Kreuz oder andere Catering-Organisationen das Trinken auf Rädern in ihr Programm aufnehmen, ist noch die Frage. In der zunächst sehr kostengünstigen Form, wie es der Willy praktiziert hat, höchstwahrscheinlich eher nicht.

Vor dem Amtsgericht legte der äußerlich mit allen Wassern, innerlich schon mit sehr vielen Bieren gewaschene ehemalige Kosmetikvertreter Willy B. jetzt zudem dar, dass er auf die Erfindung jenes Selbstbedienungs-Caterings im Getränkewesen zum Nulltarif keinerlei Wert lege, weil er es nämlich überhaupt nicht erfunden habe. Vielmehr sei er dazu gezwungen worden. Und als Nächstes richtete er an den Amtsgerichtsrat die bohrende Frage, ob dieser auch nur den Hauch einer Ahnung habe, wie verheerend sich ein Durst auf den menschlichen Körper auswirken könne. Die Luftfeuchtigkeit um die null Prozent, die Gurgel saharamäßig trocken, seit geraumer Zeit keine Oase in Sicht. »Und in den katastrophalen Zustand«, fuhr der Willy fort, »geh ich in den Wirtshaus nei, beziehungsweise will ich neigäih, bragdisch aff a Erschde-Hilfe-Seidla. Und nou is die Tür zougschberrd gween. Erschd ab 17 Uhr geöffnet, is dorddn gschdandn.«

Aber kurz vor der höchstgradigen Dehydrierung hat sich damals ein Wunder ereignet: Der Bierwagen der Landbrauerei ist vorgefahren, und der Bierfahrer Michael M. hat begonnen, Teile seiner kostbaren

Fracht in den Hinterhof zu karren. »Und nou hobbi mer denkt«, sagte der Willy vor Gericht, »zäigsder gschwind a Fläschla aus den Lastwoong raus. Ich hädds ja zoohld, wenn um 17 Uhr es Wirtshaus aafgmachd hädd. Obber in den Moment, wo ich mir a Flaschn Kellerbier aus den Kasten rausgfischt g'habd hob, in den Moment kummd der Fahrer widder zrigg. Wos willdsd nern nou machen? Binni also gschwind neigrabbld in den Bierauto und hob mi hinter die Bierkäsdn versteckt. Nedd dass mi der Moo weecher Bierdiebstahl oozeichd.«

Und wirklich hat der Bierfahrer den Willy nicht entdeckt. Vielmehr hat er die Bordwand verschlossen, ist eingestiegen und mit seiner Restfracht zum nächsten Kunden gefahren. Dass die »Restfracht« unter anderem auch aus einem fast ins Verdurstungskoma fallenden Willy B. besteht, hat der Michael nicht geahnt. Nach etwa zehnminütiger Fahrt hat es der Willy hinten nicht mehr ausgehalten, mittels eines bewährten Kunstgriffs mit seinem Feuerzeug hat er eine Flasche Kellerbier geöffnet, sein Zäpfchen im Hals auf Durchzug gestellt und das rettende Nass einschießen lassen. Weitere 20 Minuten später das nächste Seidlein.

»Ja, edzer wenn der Moo amol wo g'haldn hädd«, verteidigte sich der Willy, »nou wär's ja ka Broblem gween, nä! Nou häddi aus mein Gfängnis dou hindn rauskennd. Und nou häddin mei Zwangslage erklärt, hädd meine zwaa Bier zahlt und ferddich, nä. Obber der is gfoohrn und gfoohrn und gfoohrn.« Und die Durstattacke vom Willy hat nicht nachgelassen. Nach erneuten zwei Kellerbieren hat er angeblich erstmals laut um Hilfe geschrien. »Vo Hilfeschreie hobbi obber nix g'heerd«, äußerte sich der Bierfahrer Michael M., »ich hob nerblouß g'heerd, wäi anner gsunger hodd ›Wo is denn es Gerchla, es

Gerchla is haid nedd dahamm‹ odder suu ähnlich. Hobbi denkt, des kummd ausn Radio, Volksmusiksendung, gell. Obber ich hob in Radio goornedd eigschalt g'habt!« Und wie der Michael dann auf dem Weg in Richtung Gräfenberg angehalten hat, wegen der seltsamen Geräusche auf der Ladefläche, hat er beim Inspizieren der Fracht seinen Augen nicht getraut: »Kummd dou aff aamol anner hinter die Bierkäsdn rausgrabbld, Zigareddn in der Goschn, bis iibern Oorsch noo bsuffn und lallt mich oo, ob i aa a Seidla will, haid gibt's Freibier ohne Ende.«

Beim Eintreffen der Polizeistreife habe der blinde Passagier dann auch noch behauptet, er sei entführt worden. »Stimmt ja auch«, sagte der Willy jetzt vor Gericht. »Odder maaner Sie, ich foohr freiwillich in den finsdern Lastwoong hindn drinner stundenlang durch die Geengd?! Weecher däi zwaa Bier, wo ich mir zuung hob?! Obber wergli nedd!« – »Sieben Bier«, entgegnete der Zeuge Michael M., »sieben Bier hom gfehlt. Und neibrunst hodder mer in mei Auto aa nu.« Wegen des Trinkens auf Rädern wurde der Willy freigesprochen, für die Kosten der Biere und der Reinigung des Laderaums muss er allerdings aufkommen.

Die chinesische Aufbauanleitung

Vom Apfelsafttrockenpulver über die Dörrpflaume bis hin zum faltbaren Katapultfertighaus, alles ordert der heutzutagige Mensch aus dem Reich des letzten extrem humanistischen Arbeiterparadieses der Welt, aus dem lieblichen China. Mit kleinen Ausnahmen – Herr Markus G., ein im Consultingwesen tätiger Abendländer, pfeift neuerdings auf die enorm preisgünstigen Fernost-Importe, aus sprachlichen Gründen. Sein Fall ist jetzt, in weitgehend deutscher und mittelfränkischer Sprache, vor dem Amtsgericht erörtert worden.

Gegenstand der Anklage war eigentlich eine kleine Körperverletzung mittels eines blechernen Rohrs. Ausgangspunkt der mit dem Rohr zugefügten Platzwunde am Kopf von einem Herrn Philipp L., einem ehemaligen Freund vom Markus, sei aber eine offenbar aus dem Reich der Mitte stammende Aufbauanleitung eines Partyzeltes gewesen. So ein Partyzelt heißt, wie man inzwischen weiß, in China selbstverständlich nicht Partyzelt, sondern vielmehr »Parteizelt mit Anhängereiens für im Außentür Hochzeitsereignisse Feld«. Soweit jedenfalls der einleitende Text der Zeltaufbauanleitung.

Allerdings hat der Markus keine »Hochzeitsereignisse Feld« feiern wollen, sondern seinen 40. Geburtstag. Einen Tag vor den Feierlichkeiten ist das im Internet bestellte Zelt eingetroffen, und der Markus ist nach dem Auspacken vor einer umfangreichen Ansammlung von Zeltbahnen, Reißverschlüssen, Plastikfolien, verschieden langen Blechrohren, Ringen mit Gummi, Ringen ohne Gummi, leicht verbogenen Zeltheringen sowie Schnüren und Schlaufen aller Art gestanden. Glücklicherweise hat er aber bereits nach einstündigem Umherkriechen in den dunklen Tiefen des Parteizeltes die erwähnte Aufbauanleitung entdeckt.

Jetzt zitierte er in der Verhandlung aus jenem Werk. »Dou is zum Beispiel gschdandn«, erhob der angeklagte Markus G. seine Stimme, »Mehltaubeweis wässern UV-Widerstand und flammenhemmernd. Auf Kleberboden wurde die Expansionsschraube erforderlich sein.« Und weiter: »Overbreite Parteizelt blank planen horizon Lufte ab Gestange. Attention Installation neigt im schweren Wind. Schlitze einfach in Kanäle im Aluminiumrahmen kein Federelement gurtet oder Riegel werden angefordert.« Da ist der Markus damals, behängt mit Blechstangen und Zeltbahnen, die Aufbauanleitung zwischen den Lippen, ungefähr auf Blutdruck 220 gewesen. Weitere 20 bis 30 Blutdruckeinheiten haben sich hinzugesellt, wie die Ehefrau den Parteizelterrichter gefragt hat, wo sich bitte die Aufschnittplatten, die Brote mit dem Forellenaufstrich, die Russischen Eier, die Schinkenröllchen und der eingelegte Gorgonzola befinden. Der Markus soll die Frage dahingehend beantwortet haben, dass ihn der eingelegte Gorgonzola expansionsschraubenartig am Arsch lecken kann. Er müsse jetzt vielmehr das Parteizelt overbreiten, blank planen, Gestange luften ab und so weiter.

Und in dem Augenblick, in dem er aus der Aufbauanleitung noch mit den Worten »Regengosse etc. mit ein Easy Struktur Accessory Bodenverankering wahlweise freigestellte Zusätze schließen PVC-Fenster« hilfreich angeleitet worden ist, in dem Augenblick ist im Inneren des »Parteizeltes mit Anhängereiens für im Außentür Hochzeitsereignisse Feld« Philipp L., der Freund vom Markus, aufgetaucht. Mit der Frage: »Servus Maggi! Wos werdn des? Gastiert ba eich gwiss morng der Zirkus Krone odder wos?« Und da ist dann dem Maggi, beziehungsweise

Markus, ein bisschen die Fassung entglitten. »Oorschdrecks Regengosse!!!«, hat er gebrüllt, »du Zibflziecher hosd mer edzer grood nu gfehlt! Bodenverankering, Parteizelt gschissns, Schinknröllchen, Chinesische Eier odder wos! Lufte ab Gestange und der ganze Odel! Und den Gorgonzola konn si die Alt weecher mir in Oorsch neischdobfn! Nou is er aa eigleechd!« Und Sekunden später hat der Markus einen Teil des chinesischen Gestanges ab geluftet und es dem Philipp mit aller Wucht, soweit es im Inneren der Parteizelthöhle möglich war, über den Kopf gezogen.

Die Feier zum 40. Geburtstag ist ausgefallen, das preislich sehr günstige Parteizelt lagert inzwischen am Schuttplatz, und der Markus ist unter Anrechnung mildernder chinesischer Parteizelt-Aufbauanleitungen nur zu einer Geldstrafe von 750 Euro verurteilt worden. Vom Richter verabschiedete sich der Markus in perfektem Chinesisch: »Dscheng Beng, edz gemmer Aweng!«

Der Kalchreuther Bier-Geysir

Hiesige Ureinwohner, welche ungefähr das fünfte Jahrzehnt ihres fränkischen Daseins schon hinter sich gebracht haben, werden es vielleicht noch wissen: dass ein Kunnerla zwei Bedeutungen hat. Das eine Kunnerla weist auf den nicht mehr so häufig verwendeten weiblichen Vornamen Kunigunde hin. Er ist noch in zwei sehr schönen Liedern einigermaßen verewigt, nämlich »Freid mi nix als wäi mei Kunnerla, mei Kunnerla is schäi rund und dick« und so weiter, sowie »Ja Kunnerla dou schau her, mir wächst a Schiebala Haar am Bauch, ich glaab, ich wer a Bär, ja Kunnerla, dou schau her.«

Bei Kunnerla Nummer zwei handelt es sich aber in keiner Weise um eine Dame, welche entweder rund und dick oder aber an einem Haarwuchs am Bauch interessiert ist, sondern vielmehr um einen hölzernen Brobfn, der in einem langsam zur Neige gehenden Bierfass zur Erhöhung des Luftdrucks oben eingeschlagen wird. In der Verhandlung gegen die hartnäckigen Brauchtumspfleger Herbert W. und Gerald M. ist dieses Kunnerla im Mittelpunkt gestanden. »Wall«, äußerte sich der wegen Gefährdung des Straßenverkehrs angeklagte Herbert, »wall, wenn des Haichderla damals nedd es Luuch vom Kunnerla middn Zapfhahnluuch verwechsld hädd, wär ibberhabbs nix bassierd.« Mit »Haichderla« war der Mitangeklagte Gerald M. gemeint. Beide sind im letzten Jahr am Vatertag nach alter Urgroßväter Sitte mit einem birkenzweiggeschmückten Leiterwagen, Strohhut, Spazierstecken mit angeschraubter Fahrradklingel und einem Zwanzger-Fässlein Kellerbier durch die schönen gewächshausgläsernen Auen des Knoblauchslandes in Richtung Kalchreuth gezogen. Als Wegbegleiter nicht zu vergessen: mittelschwere Halsdürre.

Auf halber Höhe des Kalchreuther Berges, kurz vor der Verdurstung 1. Grades, hat der Herbert mit der Fahrradglocke Alarm geläutet und dem an der Leiterwagendeichsel eingeteilten Gerald befohlen: »Dou amol langsam dou vorna! Edzer wird erschd amol oogschdochn.« Also hat der Gerald das Fass angestochen, dabei aber, wie schon erwähnt, die zwei Löcher verwechselt. Und beim ersten Hammerschlag auf den am Loch des Kunnerla angesetzten Zapfhahn haben sich die zwei Vatertagsausflügler statt kurz vor Kalchreuth mitten in Island gewähnt: Aus dem Loch des Kunnerla ist ein Geysir größten Ausmaßes senkrecht in die Höhe geschossen.

Ein Bier wird aber nicht dafür gebraut, dass es senkrecht in die Höhe schießt und in den Straßengraben abregnet. »Rettet das Bier, rettet das Bier!«, hat der Herbert gebrüllt und den Geysir mit dem mitgeführten Maßkrug auffangen wollen. Erwischt hat er aber nur ein paar Tropfen. »Ja, und nou«, sagte er jetzt vor Gericht, »nou hobbi mi in meiner Not drüberbeugt über den Strahl. Middn Mund, nä. Und nou is des Bier in mich neigschossn, mit einen Druck! Des kenner S' Ihner nicht vuurschdelln, Herr Richter. Suu schnell hobbi goornedd schluckn kenner.« Zur Abwechslung hat sich schon nach wenigen Sekunden dann der Gerald das extrem obergärige Bier einschießen lassen, danach wieder der Herbert. »Ich schätz amol«, sagte der Hochdruck-Trinker Herbert W., »an die fünf Liter hodds an jeden vo uns scho neibfiffn. Aff nüchternen Moong, moußd soong, Herr Richter, nä. Dou hosd dann scho an ganz schäiner Gwalm banander, wersder denkn. Nä.« Und im Rahmen dieses Qualms muss es den zwei Geysirbierdimpfeln irgendwie entglitten sein, dass es sich bei der Kalchreuther Steigung um eine Autostraße handelt. Halb nebeneinander, halb aufeinander sind sie in ihrem Leiterwagen gekauert, der Herbert hat mit den Füßen notdürftig die Deichsel zum Lenken bedient und der Gerald hat bei der rasanten Abfahrt, nach Aussage eines Radfahrers, manchmal gebrüllt: »Obacht! Bahn frei! Mir kenner nedd bremsn!«, manchmal einige Textfragmente des Liedes »Freid mi nix als wäi mei Kunnerla ...«

»Wäi der Berch goor war«, sagte der Herbert, »simmer nou untn in Wald neibrettert. Es Ladderwäächala woor hii. Es Bierfass aa. Und der Gerald, der Gnaller, hodd in Zabfhahn nu in der Händ g'habt. Und wäi mer an den Baum hiibreezt sin, hodder si in Zapfhahn in die Goschn g'haut. Dou hom nern nou zwaa Schneidezähn gfehlt, nä. Obber sunsd is nix bassierd, Herr Richter. Wir bitten im Namen des Volkes um Freispruch.«

Dem Wunsch hat sich das Volk in Gestalt des Amtsgerichtsrats nicht ganz anschließen können. Der Gerald ist zu einer Geldstrafe von 800 Euro, der Herbert als Leiterwagenlenker zu 1 200 Euro verurteilt worden. »Erschdns«, sagte der Herbert nach der Verhandlung zu seinem Beifahrer, »erschdns zoohlsd du mir däi 1 200 Euro, zweitens woor des mei ledzder Vaddertagsausflug und wenn doch nedd, nou hausder bam nexdn Mal es Kunnerla am besten in Oorsch nei. Dou kann dann ka Bier rauslaufn, nä.«

Die Briefkastenkackerbande

Zu Kindern hat der vermutlich als kompletter Erwachsener auf die Welt gekommene Nebenerwerbs-Gaaferer Eberhard G. ein ganz besonders herzliches Verhältnis. Sobald sie zum Beispiel vor seinem stets frisch geölten Jägerzaun erscheinen, wünscht er sie inbrünstig und von ganzem Herzen zum Teufel, oder, wie er auch zu brüllen beliebt: »Dorddn hii, wo der Bfeffer wächst!« Schlimmstes Verbrechen der benachbarten Gehsteig-Zwerge: einen Fußball über den erwähnten Jägerzaun schießen. So ein Irrläufer von Ball hat dann immer sehr schnell sein Leben, buchstäblich, ausgehaucht. Oder ausgeblasen. Der Eberhard sticht ihn mit seinem Schweizer Taschenmesser nieder und schmeißt den früher »Hiidschn« genannten, weitgehend luftleeren Fußball-Leichnam in die Mülltonne.

Womit der Fußballmeuchelmörder heuer während der ersten warmen Tage des Jahres aber nicht gerechnet hat: dass Kinder, im Gegensatz zu Erwachsenen, ein sehr gutes Gedächtnis haben und zusätzlich eine unglaubliche Fantasie, gepaart mit täglich unzähligen guten Einfällen. Und jetzt ist also die gut funktionierende Kinderscheuche Eberhard G. aufgrund eines sehr schönen Einfalls vor Gericht gestanden.

Wieder ist damals am Tag der Tat ein Ball über die Deppenzonengrenze geflogen, dieses Mal ein plattenhardtartiger Prachtschuss. Genau und extrem hart auf die Plattn vom Eberhard. Und wieder ist dieser Ball den Weg aller Bälle gegangen: Schweizer Taschenmesser, gründlicher Längsschnitt, Bfffffffddd und Exitus. Begleitet von einem herzlichen »Eich werris scho zeing, eich Hundsgribbl!«

Nur einen Tag später ist dann die unerschöpfliche Einfallsfreude der Nachbarskinder in Kraft getreten. »Ich gäih Middooch an Briefkasdn«, sagte der Eberhard vor Gericht, »will die Post rausdou, und wäi ich die Händ widder rauszäich – vo oomer bis undn alles dunklbraun, Herr Richter! Und butterweich! Hom däi Saubankerdn, die miserablichn, hom däi in mein Briefkasdn neigschissn! Und affn Klinglschild, am Zaun, am Bfosdn – alles vuller Scheißdreeg! Und des soll unser Zukunfd sei, gräiß di Gott!« Anhand der anschließenden akribischen Spurensicherung hat sich der Verdacht vom Eberhard bestätigt: Beim Anführer der Briefkastenkacker-Bande hat es sich um den drei Häuser weiter wohnenden, achtjährigen Daniel R. gehandelt. Wutentbrannt und dennoch nicht ganz ohne Kalkül hat der Eberhard eine Maurerskelle voll Briefkastenstuhlgang mitgenommen sowie den aufgeschlitzen Fußball vom Vortag. Der Vater vom angeblichen Briefkastenbefüller Daniel, Herr Bernhard R., konnte sich noch sehr genau erinnern: »Es hodd glaid an der Diir, gäih i naus, schdäihd der Nachber dou, an Kubf wäi a Luftballong korzz vuurn Bladzn, und brilld mich oo, dasser edzer vo mein Boum, dem Verbrecher, die Schnauzn gestrichn vull hodd. Und in Briefkasdn neuerdings aa.« Und dann hat der Eberhard dem Bernhard erst die Maurerskelle mit ungefähr 500 Gramm des dunkelbraunen Briefkasteninhalts ins Gesicht geklatscht, ihm den nicht gänzlich zerschnittenen Fußball womöglich aus Sicherheitsgründen mützenartig über den Kopf gestülpt und zum Schluss dem Nachbar einen derartigen Strafstoß in den Hintern versetzt, dass der mit dem Kopf voran an die Hauswand geknallt ist. »Dassi den zerschniddner Foußballn am Kubf g'habt hob«, sagte der Bernhard, »des woor ja nu a Glück. Mouß i dem Gimbl ja ball nu dankbar aa sei. Wall, ohne den Balln häddi an Schädlbruch g'habt. – Ja, und dann«, fuhr der Vater vom Daniel fort, »dann hodder mer des braune Zeich vo seiner Kelln nu im Gsicht ummernandergschmierd, in Mund neigschdobfd, und derbei hodder brülld, dass – wenn i nedd wass, wos des is – dass i mein Ruuzleffl vo Sohn froong soll. Der sachds mer nou scho, dass der Daniel dou dermiid sein Briefkasdn vullgschissn hodd.« Da hat aber der Bernhard mitten hinein in die extreme Unappetitlichkeit laut nauslachen müssen. »Ja, wall ich hob«, erklärte er es dem hohen Gericht noch einmal, »ich hob zwar nu nie an Scheißdreeg gessn. Obber in den Fall hodds goornedd amol suu schlecht gschmeckt. Wall, wos däi Boum dem Gnaller in sein Briefkasdn neigschmierd hom, des woor eindeutig ka Scheiße. Des woor a große Dosen vull Nudella! Dou seeng S' amol, wäi bläid dass der Moo is. Bläid wäi die Nacht finster.« Der Bernhard musste es mit dem Ausdruck des tiefsten Bedauerns zurücknehmen, dass der Eberhard ein Gimpl ist und blöd wie die Nacht finster, obwohl es wahrscheinlich stimmt. Und das wandelnde Fußballbestattungsamt Eberhard G. wurde wegen Körperverletzung zu drei Monaten auf Bewährung und einer Geldbuße von 800 Euro verurteilt. »Wenn ich edzer zu Ihner sooch«, erklärte der Bernhard dem Eberhard noch beim Verlassen des Amtsgerichts, »Sie hom a Familiendosn Nutella im Kubf – des hassd aff Deidsch übersetzt ›Ihner homs ins Hirn gschissn‹. Bloß, dass Bescheid wissen, gell.«

Wenn es dem Florian fünfzehnmal kommt

Der Fachmann für menschliche Explosionen unterscheidet beim Niesen sechs Hauptgruppen. Wir haben den Taschentuch-, den medizinisch korrekten Armbeugen-, den introvertierten Unterdrückungs-, den eher im künstlerischen Bereich angesiedelten Trompeten-, den teils wohlig stöhnenden, teils animalisch brüllenden Genuss- sowie den waffenscheinpflichtigen Maschinengewehr-Nieser. Der Rechtsgelehrte Florian P. vereinte im Inneren seiner Nasenkanone ein Gemisch aus allen sechs Sprengstoffarten, darf jetzt aber mit Fug und Recht als ein würdiger Vertreter der besten Maschinengewehr-Nieser aller Zeiten eingestuft werden. Im Prozess gegen den Bankangestellten Michel A. schälte es sich ganz klar heraus, wie zielsicher der Florian seine zweilöchrige Waffe beherrscht.

Er ist an einem freien Nachmittag in einem Café gesessen, hinter sich einen arbeitsreichen Vormittag, vor sich sein Lieblingsgedeck, 1 Häfala Kaffee, 1 Stück Schwarzbeerkuchen mit Sahne und zunächst noch neben sich den gerade ankommenden Herrn Michel A., der höflich gefragt hat, ob der Platz gegenüber vom Florian eventuell noch frei ist. »Fraali«, hat der gern allein sitzende Florian geknurrt, »Seeng S' doch, dass dou nu frei is!«

Ein stiller Beobachter hätte da schon vorausahnen können, dass es nicht gut nausgeht. Was das Niesen betrifft, erklärte der Florian jetzt in der Verhandlung sehr detailliert, dass es bei ihm nicht ganz einfach ist. »Ich wass des aus jahrzehntelanger Erfahrung. Herr Vorsitzender«, hob er an, »wenn's mir kummd, nou gscheit. Ungefähr zwischn zehn und zwölf Mal. Es häigsde, wos i amol zammbrachd hob, woor fuchzehn Mal. Obber unter zehn nie. – Und zwar«, fuhr der Florian fort, »mouß ich immer niesn, wenn i vom Kalten ins Warme kumm. Unweigerlich. Nou schebberd's, dass mi ball zerreißt.«

An jenem ursprünglich so beschaulichen Nachmittag hätte es infolge der Kälte-Wärme-Wirkung nicht nur ihn beinahe zerrissen. Und dies ausgerechnet in dem Augenblick, in dem er ein ziemliches Trumm vom Schwarzbeerkuchen und von der Schlagsahne in sich hineingeschaufelt und es mit einem großen Schluck Kaffee in Richtung Hals geflutet hat. »Und dou«, sagte er in der Verhandlung, »dou mouß i mi nou annern Bräiserla verschluckt hoom. Und im gleichn Aungblick hobbi niesn mäin. Ner ja, und nou hobbi halt gnossn.« – »Geniest?«, fragte der Richter. »Naa«, antwortete der gelegentlich auch als Klugscheißer tätige Florian, »gnossn.«

Der wegen verschiedener Delikte angeklagte Michel A. äußerte sich sodann dahingehend, dass es ihm wurschd sei, ob es geniest oder genossen heißt. »Wall, des hodd nemli mit Niesn ibberhabbs nix zum Dou g'habt. Der is middn Oberkörper erschd aweng zrigg ganger, nocherdla vuurwärds gschnalzt, nou hodder brülld wäi am Spieß und bums – hobbi die ganze Scheiße scho im Gsichd g'habt – Ruuz und Wasser, Bakterien und Schwarzbeerkoung, Schloochrahm und Kaffee!« Und noch einmal legte er Wert auf die Feststellung: Von Niesen könne da nicht im Entferntesten die Rede sein. »Des woor die Exblosion vo anner Wasserstoffbombm!« Und was sich dann ereignet habe, wollte der Richter wissen. Dann, sagte der Michel, habe sich noch eine weitere Unverschämtheit ereignet. Wie er nämlich seinem hochexplosiven Gegenüber erklärt hat, dass man beim Abschuss einer solchen seuchen- und schwarzbeerenverbreitenden Bazillenbombe gefälligst die Hand vor Mund und Nase hält, das erfordere schon allein der Anstand, hat der

Florian geantwortet: »Wenn wer niest, nou red mer nedd suu bläid derheer. Dou sachd mer ›Xundheit!‹ Odder hält sei Goschn. Des erfordert aa der Anstand.« Und da ist dann der Michel ein bisschen ausgerastet. Er hat seinerseits tief ausgeholt, hat sich ein bisschen nach hinten gebogen, ist ebenfalls ruckartig nach vorn geschnalzt – und hat Herrn Florian P. voll ins Antlitz gespotzt.

Juristisch verhält es sich aber so: Niesen ist kein Akt der menschlichen Willensbildung und deshalb jederzeit gestattet, ins Gesicht spotzen stellt jedoch nach §185 eine extrem ehrrührige Beleidigung und eine Körperverletzung dar. Der eher altfränkisch orientierte Richter verzichtete angesichts der besonderen Umstände aber auf den §185. »Sie«, sagte er zu Herrn Florian P., »Sie zahln die Reinigung von den Schwarzbeerflecken auf dem Herrn A. seinem Hemd und seinem Sakko. – Und Sie«, wandte er sich an den Spotzer Michel A., »Sie entschuldichn si in aller Form für Ihr – Kudderla, häddi edzer ball gsachd.« Anschließend wurde das Verfahren eingestellt. »Ach suu, ja«, sagte der Michel noch zum Florian, »des häddi ball vergessn – nachträglich nu ein herzliches ›Xundheit!‹, gell.«

Verkaufsgespräche mit der Teflonpfanne

Eigentlich war der Fall klar: Frau Heidrun B. hat den Paket-zusteller Michael H. vor drei Monaten mittels einer Teflon-pfanne so zugerichtet, dass dieser Sendbote wochenlang krank darniedergelegen ist. Jetzt vor Gericht stellte sich die Körperverletzung in ihren Ursachen als doch nicht so ganz klar dar. Ob sie, fragte die Angeklagte den Richter, ein wenig ausholen dürfe. Ein wenig schon, gestattete der Vorsitzende, sie möge aber bedenken, dass die Justiz nicht die ganze Nacht geöffnet hat.

»Also mach mers kurz. Schuld is mei Moo, wo obber nicht mehr mei Moo is, beziehungsweise zum Teil isser scho nu mei Moo. Obber der is ja zwaa Joohr lang fremd-ganger, gell. Nu derzou mit anner früheren Freundin vo mir. Also däi is ein durchtriebenes Luder, Herr Richter! Und wäi die ausschaut! Fast aweng nuttig, gell. Und wee-cher …«

Da erinnerte der Richter die Heidrun an ihr Verspre-chen, sich kurz zu fassen. Es nützte wenig. Eine Stunde lang schilderte die Angeklagte ihre nuttige Freundin von oben bis unten, dann ihren Mann, von dem sie sich getrennt hat, und die Teilung ihres gemeinsamen Haus-rats, zu dem auch ein BMW 330 d, 250 PS gehört. Um Letzteren ist im Rahmen des Ehegatten-Splittings schwer gerungen worden, mit dem Ergebnis, dass das Auto in den Besitz der Heidrun übergeht. Wochen nach der Auseinandersetzung hat es bei der Heidrun geläutet: »Is ein wildfremder Moo vuur der Tür gschdandn und hodd gsachd, er hodd es Geld eischdeckn, und ob er es Auto glei miidnehmer koo.« Freundlich habe sie den Herrn gefragt, ob er einen Schatten hat. Es hat sich dann aber herausgestellt, er hat keinen Schatten und ist auch sonst geistig in Ordnung. Vielmehr sei an dem BMW 330d draußen vor der Tür ein laminiertes Schild angebracht: »Gelegenheit! BMW 330d, 250 PS, 50 000 km, TÜV, Erstbes., wie neu, umständehalber zu verkaufen. 500 Euro. Bei Frau Heidrun B. bitte läuten.« – »Und des mit den Schild«, sagte die Heidrun jetzt, »des is hundertbrozendich mei Ex-Mann gween. Ich hob des Zedderla wechgrissn, hobs den Moo erklärt, dass des woohrscheins ein Racheakt is. Der hodd nou nu aweng rumbfobferd, obber nou isser abgschuum.«

Meistens zwei Tage später hat an dem BMW aber wieder ein neues Verkaufsschild geprangt.

»Und an den Dooch, wo ich Fleischküchla gmachd hob, dou hodds aa widder glaid. Und widder is a Moo draußn und widder ›Griss Godd, ich kumm weecher den Auto‹. Und widder hobbis erklärt. Und widder des Zedderla wechgrissn. Und wäi die Fleischküchla grood fast ferddich gween sin, schellds scho widder! – Ich hob mer nu denkt«, fuhr sie fort, »edzer babbder die Schilder scho im Fünf-Minuten-Takt an mei Auto hii. Renn zur Tür mit der Bfanner in der Händ, schdäihd widder anner draußn und sachd ›Griss Godd, ich kumm weecher …‹« Weiter ist der Paketbote Michael H. nicht gekommen. Die Heidrun hat gebrüllt: »Ich gib der glei an Griss Godd! Fiir 500 Euro an fast nagelneier BMW schnabbn! Dass du fei nedd aweng schbinnsd! Mei Auto konnsder ans Baa schmiern. In zwanzg Jahr vielleichd! Derfiir gräigsd edzer Fleischkichler, du Aff!« Und dann hat die Heidrun dem Michael die Pfanne samt Fleichküchla und heißem Fett auf den Kopf gedonnert, die Botschaft mit zwei Schelln noch ein bisschen verstärkt und als Abschiedsgruß ihre Schuhspitze im Hintern des Paketboten versenkt. Erst nach Eintreffen des Notarztes und der Polizei hat er mit brüchiger Stimme erklären können, dass er keinen BMW kaufen will, sondern im Gegenteil was mitgebracht hat.

»Suu woor des, Herr Richter«, sagte die Heidrun, »und es doud mer wergli leid, auch um meine Fleischküchla, gell. Ich wass nedd, wie Sie Fleischküchla machen. Ich brat meine nämli mit reinen Olivenöl, gell. Also nix Billigs, nä. Kaltpressung, frisch vom Gardasee. Und ich bitte um Freispruch.« Doch bei allem Verständnis für den Stress mit den vielleicht 25 BMW-Interessenten – dem Wunsch konnte der Richter nicht nachkommen. Er verurteilte die Heidrun zu vier Monaten auf Bewährung und einer Geldbuße von 2 000 Euro. Und wie es dem BMW inzwischen gehe, wollte der Richter noch wissen. »Dem gäihds goud. Ich hob nach der Sache mit die Fleischküchla an großn Zeddl am Lenker hiigleechd. Dou schdäihd erschdns draff, dass, wenn außn ein Verkaufsangebot hiibabbd is, dass des ungüldich is. Und zweitens hobbi nu hiigschriem, mit vollem Namen, dass mei Moo ein Riesn Rimbviech is. Seidem is a Rouh.«

Die Anna und ihr heiliger Salmiakgeist

Arbeitgeber sind manchmal auch Arbeitnehmer, indem sie, vorzugsweise nach überraschendem Ausbleiben eines mindestens 99-prozentigen Gewinnzuwachses, ein paar tausend Untertanen die Arbeit samt dem dazugehörigen Arbeitsplatz nehmen. Allerdings breitet sich im hiesigen Kündigungswesen eine neue Form von Humanismus aus: Fristlos gekündigt wird fast nur noch bei wirklich schwerwiegenden Vergehen am Arbeitsplatz, wie etwa beim ruchlosen, kaltschnäuzigen Diebstahl eines alten Joghurtbechers aus dem Müll oder der Inbesitznahme eines Leergutbons in der exorbitanten Höhe von 1 Euro und 30 Cent. Da ist das Verbrechen der Reinigungskraft Anna D. schon aus einem anderen Holz geschnitzt. Sofern man eine Putzmischung aus Schmutzwasser und Salmiakgeist schnitzen kann.

Die Anna arbeitet seit über 20 Jahren in ihrem Betrieb, wischt die Böden, verleiht den alten Resopalmöbeln täglich einen neuen Glanz und putzt Fenster mit einer Inbrunst, dass sie danach so durchsichtig sind, als gäbe es gar keine Fenster. Manchmal schrubbt sie auch die Köpfe ihrer zahlreichen Vorgesetzten; dergestalt, dass sie ihnen zum Beispiel anweist, sie sollen jetzt sofort ihr scheiß Graffl vom Schreibtisch räumen, sonst schmeißt sie es zum Fenster naus. Oder: Plakate und sinnvolle Inschriften an die Bürowand hinkleben ahndet Frau Anna D. mit dem Hinweis, das Dreckszeug könne der jeweilige Büroinsasse sich daheim an die Abortwand hinpappen oder sich von der Stadtreklame am Plärrer eine Plakatwand mieten. Und unterstreicht es mit den Worten: »Des dou is ein Arbeitsplatz und ka Schuttplatz!« Im Grunde genommen verkörpert die Anna die Betriebsleitung.

Das hat die damals neue Chefin der Kommunikationsabteilung, Frau Evelyn K., nicht gewusst. Sie hat gerade eine Büro-Yoga-Übung vollführt – beide Füße ohne Schuhe am Schreibtisch, einen Zeigefinger teils in tiefer Meditation, teils in einem Nasenloch versunken –, wie die Anna das Abteilungsleiterinnenzimmer betreten hat.

Sowas, sagte die Frau Vorgesetzte jetzt am Arbeitsgericht, sei ihr noch nie passiert. »Dass mich eine Putzfrau anbrüllt, des is ja wohl das Allerletzte!« Und zwar soll die Anna die Ressortchefin mit vielleicht 120 Dezibel Lautstärke gefragt haben, ob sie sich daheim vielleicht auch wie eine Wildsau aufführt. »Mit die Schwassler am Diisch droomer und derbei aa nu bubbln! Des is ja es Schärfste, wos i in dera scheiß Firma dou erlebt hob. Schau bloß, dassd deine Käsfäiß vom Diisch roobringst! Wenn i di numol suu derwisch, nou kummsd in Diergarddn ins Affnhaus! Dou konnsd meinerdweeng in ganzn Dooch rumschdinkn und bubbln! Und die Fäiß innern aldn Autoreifn neihänger!«

Nach diesen zarten erzieherischen Anmerkungen hat die Anna ihre Haushaltsleiter aufgestellt und auf den Einwand der Chefin, sie habe jetzt zu tun und verbete sich jegliche Störung, geantwortet: »Ich hob auch zu tun!« und begonnen, mit ihrer Spezialmischung aus Wasser und einem Schuss Salmiakgeist die Fenster zu putzen. »Ja und nocherdla«, sagte die Anna jetzt in der Verhandlung, »hodds tatsächlich endlich ihre Baaner vom Schreibtisch roo, dreht si mit ihrn Drehstuhl rum, hudzd an mei Leiter hii und bums! Is mei Aamer vo der Leiter roogfluung. Hobbi wergli nix derfiir kennd, Herr Gerichtsbressidend.«

Wie man sich denken kann, ist der Eimer dergestalt von der Leiter geflogen, dass er sich wie ein Hut auf den

Kopf der Abteilungsleiterin herniedergesenkt hat. Samt dem Wasser und dem Schuss Salmiakgeist. »Des is nedd suu schlimm gween«, sagte die Anna, »Wall Salmiakgeist macht einen klaren Blick.« Sekunden nach dem vollkommen unabsichtlichen Eimerwurf hat Frau Evelyn K. der Putzfrau die fristlose Kündigung mitgeteilt. »Ich hobs erschd goornedd verstandn, wos gsachd hodd«, erinnerte sich die Anna, »walls ja nu den Aamer übern Kubf g'habd hodd, nä.« Anderntags hat die Anna ihre fristlose Kündigung dann schriftlich erhalten. Was sie jetzt möchte, fragte der Richter die suspendierte Wasserwerferin, Zurücknahme der Kündigung oder die Beendigung des Arbeitsverhältnisses inklusive Abfindung. »Abfindung?!«, schnaubte die Anna verächtlich, »wo sollnern mir die Abfindung hernehmer. Mir hom doch hint und vorn ka Geld. Naa, ich will wieder ärwern!« Auch auf Intervention des Betriebsrates und im Namen des Volkes muss die Kündigung zurückgenommen werden. »Und ihr Verhältnis zur Abteilungsleiterin, Frau Evelyn K.?«, fragte der Richter. »Mit der Evelyn?«, antwortete die Anna, »Ibberhabbs ka Broblem! Däi zäichi mer scho her, wäi is brauch. An Aamer Budzwasser hobbi allerwall ba der Händ.«

Die mittelfränkische Wurstvielfalt

Wer immer vor langer Zeit die Zeit erfunden hat, der hat sie sehr unüberlegt an die verschiedenen Zeitnehmer verteilt. Zum Beispiel haben ältere Menschen aufs Leben gerechnet naturgemäß nicht mehr viel Zeit, benötigen aber etwa beim Einkaufen manchmal so viel Zeit, dass hinter ihnen wartende Kunden mit der Zeit ganz verrückt davon werden. Hingegen hätten jüngere Leute in der Regel sehr viel Zeit, sind sich dessen aber natürlich nicht bewusst und befinden sich infolgedessen stets unter Zeitdruck.

Problematisch wird es, wenn zeitlose und zeithafte Kunden aufeinanderprallen, noch dazu in einer mittelfränkischen Metzgerei. In ihr, der mittelfränkischen Metzgerei, triefen nicht selten an die zwei-, dreihundert völlig verschiedene Wurstsorten vor sich hin, von denen eine ursprünglich aus dem hohen, weitgehend wurstsortenfreien Norden stammende Kundin nicht den leisesten Hauch einer Ahnung hat. Jetzt ist also im Fall von Frau Hedwig A. und Daniel B. nicht nur Alter auf Jugend, Wurstignoranz auf Wurstkenntnis, Zeitlosigkeit auf akuten Zeitmangel getroffen, sondern zu allem Überfluss auch noch Niedersachsen auf Mittelfranken. Dass so eine Konstellation vor Gericht endet, bedarf keiner weitschweifigen Erläuterung.

Ganz genau konnte der Ursprung der Auseinandersetzung jetzt am Amtsgericht nicht mehr rekonstruiert werden, aber sinngemäß muss sich das Fachgespräch zwischen dem auch im Verkauf tätigen Metzgermeister Konrad S. und der 69-jährigen Hedwig ungefähr wie folgt angehört haben. Hedwig: »Ich hätte gern Wurst. Hamse Rügenwalder?« Der Metzger: »Wos is?« Frau Hedwig: »Da hinten links, was issn das?« Der Metzger:

»Wou?« Die Hedwig, nach links deutend: »Da hinten, links, sachte ich!« Der Metzger: »Des is obber vo mir aus gseeng rechts vorna. A Schdaddworschd!« – »Und daneben?« – »Aa a Schdaddworschd. Hobbi doch scho gsachd!« – »Warum is die eine Stadtwurst rot und die andere weiß?« – »Wall des anne is a roude Schdaddworschd, und des andere is a weiße Schdaddworschd.« Inzwischen hat der in Eile befindliche, hinter der Hedwig wartende Daniel B. geknurrt: »Und a graicherde Schdaddworschd is a graicherde Schdaddworschd!« Dann wieder die Hedwig: »Und da auf der anderen Seite, von Ihnen aus gesehen rechts, zweite Reihe von oben. Was issn das?« Der Metzger: »A Bressagg. Also rouder Bressagg. Und der derneem is a Schnerbfl vonnern weißn Bressagg.« – »Was issn da der Unterschied?« – »Der anne is roud und der andere weiß.« Dazwischen wieder der Daniel mit flackerndem Blick auf seine im iPhone installierte, auf millionstel Sekunden geeichte Funkuhr: »Ich hob in zwaa Minuddn an Dermin! Ich gräicherd …«

Was er gräicherd, hat er nicht zu Ende reden können, weil sich die Hedwig der Reihe nach eine Gnechlassulzn, eine Krautworschd, Pfefferbeißer, Leberkäs, Fleischkäs, Bierschinken, Zunge, Krakauer, Göttinger, Regensburger, Debrecziner, Gelb-, Speck- und Bauernleberworschd erklären hat lassen. Dazwischen wieder der Daniel: »Verschrumblde Worschdhaudwachdl! Graizdunnerkeil! Ich gräich hunderd Gramm …« Wovon hundert Gramm, ist wieder unausgesprochen geblieben, denn jetzt hat das Gespräch seine Hinwendung zu den Eigenheiten hiesiger Bratwurstsorten genommen. Und der Metzger hat auf die dringlichen Anfragen der Hedwig erklärt: »Des sin Fränkische, des sin Närmbercher, des sin Thüringer, des sin Nackerte, däi kommer fiir blaue Zibfl nehmer.«

Die Hedwig: »Wie bitte??!« Und da war die Geduld vom Daniel erschöpft. »Leck mich edzer am Oorsch!«, ist er laut geworden, »langsam gräich ich edzer fei aa an blauer Zibfl!!!« Und dann hat er der Hedwig erklärt, dass das Gebilde, welches auf ihrem Hals oben dauernd von einer Wurst zu andern fragend hin und her wackelt, wahrscheins ein selten blöder Kalbskopf ist mit Schweinsohren dran. An diesen Schweinsohren soll er sie sodann ein bisschen gepackt und geschüttelt und ihren Einkaufskorb über den Kalbskopf gestülpt haben, sodass die Hedwig im Blindflug auf die sich soeben öffnende Ladentür gestolpert ist. Trotz Einkaufskorb als Sturzhelm hat sie eine Gehirnerschütterung und einen Nasenbeinbruch erlitten. Jetzt muss der Daniel wegen Körperverletzung und Beleidigung eine Geldstrafe von 1 400 Euro zahlen. Obwohl er sich fränkisch formvollendet bei der Hedwig entschuldigt hat. Und zwar mit dem Ratschlag: »Wenn Sie wieder amol in anner Metzgerei vuur mir schdenger, nou nehmer S' am bestn an Worschdsalood. Dou is vo jeden a bissla wos drinner. Manchmal sugoor a Hirnworschd ...«

Dreißigfacher Pizza-Missbrauch

Schöne Freundschaften können aus allen möglichen nichtigen Gründen zugrunde gehen – wie zum Beispiel Ehebruch, mangelhaftem Freibierverhalten oder hinterrücksen Verleumdungen. Bei Herrn Rainer M. hat die Ursache für die Beendigung einer Freundschaft aus einem kreisförmigen, pappdeckelartigen Gebäck, einigen Tomaten, Schinken, kleinen Radiergummiplätzchen namens Mozzarella und antiken Ananasstückchen bestanden. Hierorts auch Pizza Hawaii genannt, welche man vorzugsweise mit dem Inhalt einer Familienflasche Ketchup verspeist, denn dann schmeckt sie wenigstens nach Ketchup.

Auch das Ketchup hat im Kriminalfall beim Rainer eine nicht unerhebliche Rolle gespielt. Vor Gericht musste sich jetzt der Immobilienkleinhändler Helmut K. verantworten, ein ehemaliger Freund vom Rainer. Der Helmut und ungefähr 25 ehemalige Freunde sind zum 40. Geburtstag beim Rainer daheim zu einem Brunch eingeladen gewesen. Ein Brunch fängt, damit es sich nicht bis in die Nacht zieht, früh um elf Uhr an, besteht aus meist kalten exotischen Köstlichkeiten aller Art und endet dann je nach Sesshaftigkeit der Gäste nachts zwischen zwei und drei Uhr.

Beim Rainer hat sich jedoch bereits früh gegen 11.15 Uhr abgezeichnet, dass es nicht lange dauern wird, denn die Köstlichkeiten des kalten Buffets haben aus maximal zehn Wurstweckla ohne jegliche Butter bestanden, einigen Scheiben Schwarzbrot, wahlweise bestreichbar mit einer schon leicht grünlich schillernden Landleberwurst oder mit selbstgefertigtem Quittengelee. »Getränke«, sagte der Angeklagte Helmut jetzt in der Verhandlung, »Getränke hommer selber miidbringer mäin. Und edzer, Herr Richter, edzer bfeif amol drei, vier Seidla nei und hob als Unterlage a halbe Scheim altbackns Brot mit Gwiddnschilee! Dou gräigsd du doch einen deroordichn Breller, dass alles zer schbeed is! Des is doch verantwortungslos bis dorthinaus! Scho allaans weechern Hammfoohrn middn Auto!«

Also aus purem Verantwortungsbewusstsein sind die brunchmäßig vollkommen ausgemergelten Freunde vom Rainer übereingekommen, dass man einen Nachschub ordert. Während im Wohnzimmer bacchantisch gefeiert worden ist, bei mitgebrachtem Bier, Quittengeleee und antiker Landleberwurst, hat der Helmut draußen im Gang am Festnetz heimlich einen Pizzaservice angerufen und dort 30 Pizza Hawaii, 30 große Insalata Mista und 30 Portionen Tiramisu geordert. Mit der Lieferbedingung: »Wenns gäihd, haid nu! Mir verhungern!« Eine Minute später hat der Herr Pizzaservice zurückgerufen, ob es stimmt: 30 Pizza Hawaii, 30 Insalata Mista, 30 Tiramisu. Selbstverständlich ist immer noch der Helmut am Apparat gewesen und hat alles bestätigt.

»Um Halberaans ungefähr is gween«, sagte jetzt der Jubilar Rainer M. in der Verhandlung aus, »wo ich gmaand hob, dass die Laid langsam hammgenger. Und dou laids aff aamol, ich mach aaf, schdenger drei Mann vuur der Diir und wuchdn lauter Babberdegglschachteln ins Wohnzimmer nei! – Wos werddn edzer des?!«, hat er damals einen der Pappdeckelschachtel-Transporteure gefragt. Der hat geantwortet: »Nix werde! Is scho. Is 30 Pizza Hawaii, 30 Insalata Mista, 30 Tiramisu. Wie bestelle, Scheff! Extra pronto, odder? Koste 720 Euro. Isse noch sensa Trinkgeld, gell! Und grande botiglia Ketchup. Koste null Euro, speziale für dich, Scheffe!«

Der Pizzaservice ist natürlich mit großem Hallo empfangen worden von den Freunden, welche infolge der Quittengeleebrote schon über exorbitante Mordstrümmer Lallinger verfügt haben. »Der Herr K.«, erinnerte sich der Rainer, »hodd mer a ganze Bizza affs Gsicht driggd, zimmli haaß nu, und hodd glalld, ich soll aa wos essn, dassi nedd bsuffn wer vo den Gwiddnschilee, des wo scho in Gärung überganger is. A boor andere hom mid der Drimmer Ketchup-Flaschn aff meine neier Dabeedn im Wohnzimmer gschossn. Und der Gnaller dou vo dera Bizza-Buudn hodd dauernd gschriea, er will edzer seine 720 Euro! Und dou derbei bin ich ausverseeng in die große Blasdiggschüssl mid den Insalada Mista neigschdieng. Wall i weecher dera Bizza affn Gsichd nix gseeng hob. Dou wersd du doch wahnsinnig, Herr Richter, odder?!« Der Angeklagte Helmut K., als Pizza-Besteller eindeutig ermittelt, muss jetzt die 720 Euro an seinen ehemaligen Freund zahlen und dessen Wohnzimmer auf seine Kosten neu tapezieren lassen. Und außerdem machte es wegen betrügerischer Pizza-Order, Hausfriedensbruch und Körperverletzung noch 2 000 Euro extra. Obacht also vor Einladungen zum Brunch, vor allem in Verbindung mit Pizza Hawaii.

Ein Architekt auf Himmelfahrt

Die Architektur hat einen großen Nachteil: In fast allen Fällen, außer vielleicht beim unterirdischen Atombunker, ist sie von außen gut einsichtbar, hat also nicht selten zur Folge, dass sich irgendein fachlich vollkommen unbedarfter Passant vor einen soeben unter großen geistigen und künstlerischen Mühen errichteten Betonwürfel hinstellt und ihn etwa als einen schönen architektonischen Scheißdreck abqualifiziert.

Um diesen Nachstellungen zu entgehen, greift der Architekt in letzter Zeit oft zum Stilmittel der permanenten Planungsänderung. Da werden ursprünglich als Fenster geplante Öffnungen in Hinblick auf einen Dritten Weltkrieg in Schießscharten verwandelt, toskanische Säulenportale auf dringliches Verlangen des Bauherrn ihrer Säulen entledigt, an Flachheit nicht zu überbietende altgriechische Flachdächer mit einem weiteren Stockwerk verziert, schleswig-holsteinische Klinkerwände mit original Vorarlberger Zirbelholzfurnier tapeziert. Obwohl sich der Architekt bereits vor Planungsbeginn durch einen kurzen Blick, zum Beispiel in einen ADAC-Atlas, belehren lassen könnte: Mittelfranken liegt gemäß neuester Grenzziehungen weder in Schleswig-Holstein noch in Vorarlberg, und auch nicht in der Toskana oder im antiken Griechenland.

Der geografisch und baustilmäßig ebenfalls sehr weitschweifig orientierte Architekt Jochen R. ist jetzt ein Opfer seiner vielfältigen Planungsänderungen geworden. Mindestens jeden zweiten Tag, so schilderte es der Kranführer Karlheinz S. jetzt vor Gericht, sei dieser Planer eines eher neo-sowjetischen Brachial-Palastes auf der Baustelle erschienen und habe Änderungen aller Art angeordnet. Zur großen Freude fast aller Bauarbeiter.

Einige Tage vor der nicht mehr erwarteten Fertigstellung des architektonischen Klein- oder vielmehr Großods hat der Baumeister zunächst angeordnet, dass ein irrtümlich geplanter Balkonkoloss wieder entfernt werden muss. Und danach hat er verfügt, dass er mittels einer Europalette am Kranseil hochgehoben werden will, um sich aus der Höhe einen Gesamtüberblick seines Kunstwerks zu verschaffen. »Geht nedd«, hat ihm der Kranführer Karlheinz eröffnet, »des is baupolizeilich nedd erlaubt. Des is a Kran und ka Personenaufzug.« Darauf der Architekt: Was geht und was nicht geht, entscheide hier allein er, und er will jetzt auf der Stelle in die Lüfte entschweben.

»Ner ja«, sagte der angeklagte Kranführer jetzt vor Gericht, »nou hobbin halt naafzuung. Und nou hobbin dou hii schwenkn solln und dorddn hii und dann widder aff die andere Seiten und dann hodd am Beddongmischer hindn anner gschriea, dass er mi dringend braucht weechern Hahn aufdreher. Und dou mouß i nou unseren verehrten Herrn Architekt irchndwie vergessn hoom.« Und zwar muss er ihn offenbar für immer vergessen haben.

Erst ist Mittagspause gewesen, dann hat der Kranführer gschwind zurück in die Firma fahren müssen, und wie er wieder zurückgekommen ist, hat sich der Feierabend herniedergesenkt – im Gegensatz zu dem in circa zehn Meter Höhe auf der Europalette schwebenden Architekt, welcher sich keinesfalls herniedergesenkt hat. Sein Taschentelefon ist im Auto gelegen, mehrere gebrüllte Aufforderungen, man möge ihn jetzt sofort ablassen, sind ergebnislos verhallt. Zweimal sind am späten Nachmittag Passanten an dem Neubau weitläufig vorbeispaziert, denen er Hilfe erheischend gewunken hat. In beiden Fällen haben die Passanten zurückgewunken und sind weitergegangen. Ungefähr drei Stunden lang, sagte der Architekt jetzt aus, sei er dem Himmel sehr nahe gewesen, also in Todesangst, bis er dank eines Polizeieinsatzes wieder festen Boden unter den Füßen gehabt habe. Über den Wolken sei die Freiheit, gemäß eines Liedes von Reinhard Mey, zwar grenzenlos, aber nicht auf einer knapp drei Quadratmeter großen Europalette. Hier handle es sich eindeutig um eine Freiheitsberaubung schwersten Ausmaßes. Und das hohe Gericht möge den Kranführer bitte lebenslänglich einsperren.

Der Kranführer aber blieb dabei: »Ich hob nern wergli vergessn g'habt. Dauernd mit seine scheiß Änderungen, ich hob doch nimmer gwissd, wo mer der Kubf steht.« Und dann fügte er noch hinzu, es könne für einen so vielbeschäftigten Architekten doch nicht schlecht sein, wenn er einmal einige Stunden in frischer Höhenluft verbringt. Es sei vielleicht für die Durchlüftung seines Kopfes und das anschließende Abfassen klarer baulicher Gedanken ganz gut. Leider schloss sich das Gericht diesen durchaus vernünftigen Ausführungen nicht an. Der Kranführer Karlheinz S. wurde wegen vorsätzlicher Himmelfahrt eines Architekten zu drei Monaten auf Bewährung und einer Geldbuße von 3 500 Euro verurteilt.

Der heimatlose Bereichsleiter

Mit den Braunen ist es momentan ein Kreuz, man erkennt sie nicht mehr von Allerweitem. Indem sie sich keine Julius-Streicher-Gedächtnisglatze mehr scheren, ähneln sie herkömmlichen Menschen in frappierender Weise, »Sieg Heil!« krächzen sie nur im vertrauten Kreis, und zu allem Überfluss, so wird vielfach geraunt, verfügen einige ihrer reinrassigen Führer sogar über einen Intelligenzquotienten. Über dessen Höhe gibt es allerdings keine genaueren Angaben.

Trotz dieser mangelhaften Erkennungsmerkmale hat sich der religionswissenschaftliche Student Jakob H. aber vor zwei Monaten anlässlich eines Anstehens an einer Tankstellenkassenschlange gedacht, dass es sich nach Lage der Dinge bei seinem Vordermann um einen großdeutschen Reichsheini handeln könnte. Hinten auf dem schwarzen Unterhemmerd dieses Herrn Erich L. haben die goldenen und poetisch knüppelartigen Worte geprangt: »Die Bundesrepublik ist mir gleich, meine Heimat ist das Deutsche Reich.«

Jetzt ist bei solchen Zusammentreffen mit der geballten Kraft des deutschen Endreims natürlich immer die Frage: Wünscht der Herr Reichsverweser ein Zwiegespräch, oder soll man ihn mit seinem Unterhemmerdgedicht allein lassen? Der Student Jakob H. ist betreffs Deutschem Reich sehr wissbegierig gewesen, folglich ist die Unterhaltung mit seinem vor Gescheitheit nur so triefendem Vordermann in ein Gerichtsverfahren gemündet. Der Dialog damals hat seitens des Jakob mit den Worten begonnen: »Entschuldigung, tut des arch weh?« Der Oberscharführer Erich, wortgewandt und fintenreich: »Hald dei Maul!« Darauf der Jakob wieder:

»Ich mein ja bloß, ob es schmerzt – wenn einem seine Heimat das Deutsche Reich ist. Da is man ja seit 1945 heimatlos, oder?« Der Erich in feinstziselierter Rhetorik: »Hald edzer bloß dei Maul!« Und noch einmal hat es der Jakob probiert: »Ja, wissen Sie es am End gar nedd, dass das deutsche Reich, wo Sie da überm Arsch stehen haben, dass es gar nicht mehr existiert???« Und wieder hat der Erich tief in die Kiste seines Argumentationshaushaltes gegriffen: »Hald dei Maul! Maul haldn edzer!!! Zum allerledzdn Mal!«

»Moment amol!«, hat der Jakob eingewendet, »Des hom S' doch vorhin scho gsachd, ›zum allerledzdn Mal‹. Und dann ham Sie es wiederholt. Also war es nicht richtig. Sie hätten sich vorhin dahingehend äußern sollen, dass ich mein Maul halten soll, und zwar zum vorletzten Mal. Und falls Sie mir jetzt erneut raten, ich soll mein Maul halten, dann hätten Sie vorhin sagen müssen, ich soll mein Maul zum vorvorletzten Mal halten. Dann wäre es korrekt gewesen. Soll ich jetzt wieder mein Maul halten?«

Jetzt ist natürlich guter Rat teuer gewesen: Hätte sich der deutsche Bereichsleiter korrigieren sollen oder seine flötengegangene Heimat leugnen oder gar seinerseits das Maul halten? Doch schon hat der Jakob einen Ausweg aus dem Dilemma gefunden, mittels des Eingeständnisses: »Also es könnt ja sei, dass Ihr Heimat doch nu gibt. Dass mir des entgangen is. Sie schreim ja alles Wissenswerte auf Ihre Kleider drauf – edz könnt ja auf Ihrer Unterhuusn a Hinweis steh, in was dass sich Ihr Heimat verwandelt hat. Könnt ich die Unterhuusn amol seeng? Is die am End aweng vullgschissn? Hellbräunlich oder dunkelbräunlich, is vollkommen worschd. Hauptsach vullgschissn. Und wenn ja – des kann ja ausstrahln. Vo der Unterhuusn oft bis ins Hirn nauf. Aber nur für den Fall, dass ein Hirn existiert.«

Zur Überprüfung der Unterhose ist es nicht mehr gekommen. Der Vertreter des Deutschen Reichs hat den Tankwart angebrüllt, dass er sofort die Polizei alarmieren soll. Wegen Volksverhetzung. Auf den Einwand des Tankwarts, er sei hier angestellt zum Kassieren und nicht zur Strafverfolgung von mutmaßlichen Volksverhetzern, hat der Erich wieder seine Sprachgewandheit in Verbindung mit dem erwähnten Intelligenzquotienten in Stellung gebracht. Und zwar mit den Worten: »Hald bloß dei Maul!« Zur Vermeidung eines größeren, hoheitsstaatlichen Tumultes hat der Tankwart aber dann doch mit nur teilweise gehaltenem Maul nicht die SA, sondern die Polizei angerufen.

Jetzt vor Gericht war der Vorsitzende mit der Frage konfrontiert, ob man mittels einer möglicherweise vollgeschissenen Unterhose ein Volk verhetzen kann. Er gelangte nach kurzer Zigarettenpause zu dem Ergebnis, dass nicht. Das Verfahren gegen den hartnäckigen Heimatfragenermittler Jakob H. wurde eingestellt. »Da tät ich jetzt«, sagte der Jakob zu Herrn Erich L., »in die Berufung gehen. Am besten vor den Volksgerichtshof. Falls Sie die Adresse nicht wissen – der muss sich auch in der Nähe Ihrer Unterhose befinden.«

Kloß mit Chili-Soß

In den momentan leicht Verunreinigten Staaten von Amerika trägt man kleinere Meinungsverschiedenheiten gern mit mittlerem Kaliber aus, etwa ab neun Millimeter. Bald wird es aus dem Wilden Westen auch zu uns herüberschwappen. Bei den beiden auch nicht mehr ganz einträchtigen Nachbarn Hans S. und Wolfgang B. hat die cowboyhafte Schusswaffenmentalität schon Eingang gefunden. Zunächst in gemäßigter Form. Dann ist der Konflikt aber eskaliert, und jetzt hat er vor Gericht geendet.

Ganz genau hat der Ursprung der Feindseligkeiten nicht mehr geklärt werden können. Womöglich hat Herr Hans S. einige Worte von jenseits des Drahtzauns wie »Däi bläide Sau dou driimer!« oder »Wenn der Depp suu lang wär, wie er doof is, mäißerd er aus der Dachrinner saufn!« auf sich bezogen. Womöglich zu Recht. Und einige Tage später hat er mit dem Gartenschlauch seinen Rasen getränkt, dabei irrtümlich den ebenfalls im Garten arbeitenden Wolfgang B. auf halber Höhe vorne am Unterkörper getroffen und ihn sodann angesichts des Wasserflecks auf der Hose gefragt: »No, Herr Nachber, wäi schauern Sie aus? Hommer gwiss aweng in die Huusn brunst?« Den anschließenden Rat, sich bei weiterem Tröpfeln baldmöglichst einer Prostata-Vorsorgeuntersuchung zu unterziehen, hat der Wolfgang unbeantwortet gelassen. Dafür hat er drei Tage später mit dem Gartenschlauch dem Hans den Strohhut vom Kopf gespritzt.

Knapp eine Woche lang hat zwischen den nachbarschaftskriegführenden Parteien ein Wasser- und Waffenstillstand geherrscht. Allerdings ein trügerischer. Der jetzt in der Defensive befindliche Hans B. hat sich offenbar an seine Kindheit erinnert und daran, dass heutzutage auf dem Wasserspritzpistolensektor erhebliche Fortschritte erzielt worden sind. Etwa mit einem sogenannten Super Soaker Scatter Blast. Wie man es genau übersetzt, weiß kaum jemand, vom Aussehen her könnte man es Kinderzimmer-Kalaschnikow nennen. Normalerweise füllt man sie mit Wasser und erzielt dann eine äußerst druckvolle Reichweite von circa 15 Metern. Mit der Reichweite des Super Soaker ist Herr Hans B. durchaus zufrieden gewesen, mit dem Wasser als Munition allerdings nicht. So hat er an einem sonnigen Samstag Mittag hinter seinem Zwetschgenbaum Halbstamm gelauert und auf das Schärfste beobachtet, wie drüben auf der Terrasse, nicht einmal zehn Meter entfernt, die Ehefrau vom Wolfgang gerade zu Besuch weilende Gäste mit einem Kalbsbraten bewirtet hat. Und in dem Moment, in dem der zunächst zum Kücheninnendienst verpflichtete Wolfgang mit einer großen Schüssel frischer, wohlig dampfender roher Klöße an der Mittagstafel erschienen ist, hat der Hans den geladenen und entsicherten Super Soaker angelegt, sorgfältig gezielt – und abgedrückt.

Die Wirkung ist sehr zufriedenstellend gewesen: Es hat in der Luft gezischt, fast im gleichen Augenblick ist drüben dem Nachbar die Brille vom Kopf geflogen, dabei ist er über den Gartenschirmständer gestolpert, was wiederum dazu geführt hat, dass die rohen Gniedla in hohem Bogen davon geschnalzt und teilweise den Gästen der Familie B. um die Ohren gerauscht sind. Und Frau B., die eigentlich ihren Mann wegen der missglückten Jongleurvorführung mit acht rohen Klößen zammscheißen hat wollen, ist beim Anblick des auf der Terrasse liegenden Wolfgang in den Schrei ausgebrochen: »Allmächd naa, Moo! Es ganze Gsichd vuller Bloud! Hilfe!!! Notruf!

Mei Moo verbloud!!!« Ihr Moo ist aber Gott sei Dank nicht verblutet, sondern aufgestanden. Und hat dann seinerseits gebrüllt: »Wos issn los??? Ich siech nix mehr. Der Nachber hodd mer mit Schrot in die Aung gschossn!« Auch da ist aber ein Notruf nicht notwendig gewesen.

Vor Gericht räumte der Wasserspritzpistolero Hans S. ein, dass er keinesfalls mit Schrot geschossen hat: »Ner ja, ich hob mer denkt, aweng nachhaldich soll's scho wirkn, gell. Und nou hob ich mir in Drogeriemarkt an Liter reinen Zwieblsaft kaffd und eine Familienflaschn Tabasco, also Chili-Soß, nä. Und weecher der Gaudi nu a rote Tint'n, nä. Ja, und des hobbi nou zammgmischd und in mei Wasserschbridzmaschinergwehr eigfülld.« Roten Zwiebelsaft in die Augen schießen und rohe Gniedla in Kloß mit Chili-Soß verwandeln ist womöglich in den USA gestattet, in Mittelfranken derzeit noch nicht. Herr Hans S., der John Wayne aus der Vorstadt-Prärie, wurde zu einer Geldstrafe von 800 Euro verurteilt, mit dem nachträglichen Hinweis seines Nachbarn, das nächste Mal, wenn er wieder seine Gniedla ins Visier nimmt, möge er bitte seinen Super Soaker mit Kalbs- oder Schweinebratensoß befüllen.

Kein Freispruch für die Freisprechanlage

Das menschliche Leben und sein Fortkommen besteht aus guten Erfindungen. So hat zum Beispiel vor geraumer Zeit ein nur scheinbar beim Autofahren telefonierender Mann eine autobahnbrechende Erfindung vorweisen können, und zwar die kleinste Ohrenheizung der Welt. Es hat sich dabei um sein Handy gehandelt. Die Einlassung des Erfinders vor Gericht, er sei beim Autofahren plötzlich von einer akuten Mittelohrentzündung befallen worden und habe sich infolgedessen geistesgegenwärtig das wärmende Handy ans schmerzende Ohr gehalten, hat ihm vor Gericht zu einem Freispruch von der Anklage wegen unerlaubten Telefonierens am Steuer verholfen.

Diesen gravierenden Präzedenzfall mag der ebenfalls im Erfinderwesen tätige Steuergehilfe Bernd K. im Sinn gehabt haben, wie er heuer im April aus einer göttlichen beziehungsweise gottvollen Eingebung heraus die vollelastische Schnalz-Freisprechanlage erfunden hat, das Stück zu maximal 2 Cent. Kenner von eingewecktem Obst oder selbstgefertigten Marmeladen würden angesichts dieser Schnalz-Freisprechanlage vielleicht einwenden, es handle sich bei dieser neuartigen Erfindung um nichts anderes als einen etwa bereits im Jahr 1880 schon einmal erfundenen Einmachgummi. Aber wie er damals im April von einer Polizeibeamtin wegen Telefonierens am Steuer vorübergehend aus dem Verkehr gezogen worden ist, hat er darauf bestanden: »Des konn scho sei, dass des ursprünglich amol ein Einmachgummi gween is. Obber edzer hobbin ummern Kubf rum, middn Händy neizwiggd, und dann is des eine Freisprechanlooch. Obsders glaubst odder nedd, des is mir worschd! Schbinoodwachdl, gräine!«

Jetzt vor Gericht mussten zwei Fragen geklärt werden: erstens ob ein gschwind über den Kopf gezogener Einmachgummi, mittels dem ein Handy ans Ohr geklemmt ist, als Freisprechanlage durchgeht und zweitens ob man eine Polizistin dienstgradmäßig als Spinatwachtel einstufen darf.

Zu Punkt 1 erklärte der Angeklagte, er habe das Handy neben sich auf der Mittelkonsole abgelegt, es sei dann sein Klingelton in Form der kleinen Nachtmusik ertönt, daraufhin habe er sich, in Erwartung eines längeren, unaufschiebbaren dienstlichen Gesprächs, seine Freisprechanlage beziehungsweise den Einmachgummi über den Kopf gezogen, den Gespräch-Annehmen-Knopf gedrückt, das Handy drunter geschoben und sodann vollkommen freihändig gesprochen.

Er möge, beschied ihm da der Richter, mit seinem saublöden Gwaaf aufhören. Ein Einmachgummi sei seit Menschengedenken ein Einmachgummi und niemals eine Freisprechanlage. Es sei denn, man spricht seine unaufschiebbaren Telefonate nicht in ein Handy hinein, sondern in ein Einweckglas oder in ein Mammalaadaamala. Nach dieser vernichtenden Beurteilung der glanzvollen Erfindung einer elastischen Schnalz-Freisprechanlage fragte der Richter Herrn Bernd K., ob er vielleicht betreffs der Spinatwachtel mit einer ähnlich profunden Erklärung aufwarten könne.

»Oorschgloor«, sagte der Angeklagte, »wall des is ja im Leem ka Beleidichung gween!« Vielmehr sei es eine rein farblich orientierte Einordung der Polizistin gewesen. Und unter Umständen sogar eine Wertschätzung. »Die Bolli hom ba uns a gräine Uniform oo«, erklärte es der Bernd, »Ungefähr suu grün wie Schbinood. Vielleichd dass der Schbinood a Schbur grüner is. Obber jedenfalls grün. Und Wachdl is auch ka Beleidichung. Wall, ein Bolli steht immer auf der Wacht und bassd auf, zum Beispiel, dass niemand verkehrt dellefonierd.« Und das Wort »Wachtl« sei dann halt die Verniedlichungsform von Wacht, also eher ein großes Lob. Unter Umständen hätte er die Polizistin auch als Telefonwachtl bezeichnen können, es sei ihm aber in seiner Aufregung damals und angesichts der grünen Uniform nur der Spinat eingefallen. »Sooderla«, fuhr ihm da der Richter ins Wort, »edzer langt's!« Und bevor der angeklagte Steuergehilfe Bernd K. noch weiterreichende Erklärungen über eventuelle Schnalz-Polizistinnen und freisprechende Spinatpflanzen und eingelegte Aufweckgummi oder ähnliche Erfindungen darlegen konnte, wurde er wegen Beleidigung der Freistaatsgewalt in Tateinheit mit unerlaubtem Telefonieren mit einem Einmachgummi zu einer Geldstrafe von 1 200 Euro verurteilt. Ob er, fragte der Richter den Bernd, noch ein Schlusswort sprechen möchte? »Naa«, sagte der Bernd, »ohne mein Freisprechgummi sooch ich dou herinner ibberhabbs nix mehr, Herr Gerechtigkeitswachdl.«

Spargelsud und Bier und Schnaps

In der Nürnberger Altstadt herrscht seit Monaten ein einerseits extrem schwerwiegendes, andererseits eher ziemlich dünnflüssiges Problem, nämlich das nicht selten hochwassererzeugende Wildpinkeln. Schon hat sich eine private Pinkelpolizei gebildet, welche gelegentlich nachts, ausgerüstet mit Schwimmflüüchala, Streife geht, um die Ausstrahlungskraft vornehmlich männlicher Hosentüröffner einigermaßen strafrechtlich zu verfolgen. Gemäß städtischem Wasserlass § 1 wird Public Brunsing mit einem Bußgeld in Höhe von 25 Euro belegt. Dass es auch anders, völlig unpublic geht, hat der Pensionist Werner K. anlässlich der Eröffnung der Spargelsaion heuer in beeindruckender Weise bewiesen. Für seinen ehemaligen Freund und Stammtischbruder Thomas S. hat sich die Beeindruckung aber nicht nur in Grenzen gehalten – sie ist ihm auch in verschärft ekelerregender Erinnerung geblieben.

Er habe, sagte der Thomas vor Gericht aus, im allgemeinen Notdurftwesen vom wettbewerbsmäßigen Mannschaftspinkeln vor der Rathauswache bis zur rauschenden Wildbachproduktion von der Burgfreiung herunter über die Stadtmauer drüber, also gewissermaßen Stabhochsprinkeln, schon viel erlebt, aber die Darbietung des Herrn K. in jener Freitagnacht stelle alles in den Schatten.

Dabei hatte es damals so schön begonnen. Zumindest für den Werner: sechs Bratwürste mit Spargelsalat, dann ein kleines Schnitzel mit Spargelsalat, anschließend noch eine Portion Spargelsalat ohne alles, dazu sieben Bier in Begleitung einiger Kirschbrände, vermutlich doppelte. »Kenner S' Ihner vuurschdelln«, belehrte der Thomas den Richter, »wos sich in den sein Verdauungstrakt abgschbilld hodd. Bsuffn bis iibern Oorsch noo und derzou nu drei Bozionen Schbarglsalood! Und die Schbarglsooß hodder aa nu jeedsmool gsuffn. Wennsd korzz nach den Gnaller am Abodd ganger bisd, häddsd a Gasmaskn braucht!«

Die wandelnde Knallgasanlage mit der auf Hochtouren arbeitenden Urinanreicherungsfabrik hätte dem Thomas an sich völlig gleichgültig sein können, wäre da nicht die Abmachung gewesen, dass er den Werner mit dem Auto heimfährt. Der Werner wohnt in Schwaig und hat es infolge seines ansehnlichen Prellers verabsäumt, vor Antritt der Fahrt noch einmal einige Liter Spargelsud, Bier und Schnaps abzulassen.

Die Fahrt von der Altstadt nach Schwaig muss sich gemäß der Aktenlage ungefähr wie folgt abgespielt haben. Der Werner nach vielleicht 50 Metern Fahrt: »Hald amol gschwind, ich mouß schiffn.« Der Thomas: »Dou is Haldeverbot.« Dreißig Sekunden später: »Serfordd oohaldn! Mir kummds glei zu die Ohrn raus!« Der Thomas: »Nou wardsd, bis in die Noosn läffd und nou dousd di eimbfach schneuzn.« Wieder dreißig Sekunden später: »Ich bruns glei in die Huusn!« Der Thomas: »Wäärsd hald im Werzhaus numol am Abordd ganger. Edzer warddsd, bis mer ba dir dahamm sin!« Da sind sie gerade in die Ostendstraße eingebogen.

»Und wos dou bassierd is, Herr Richter«, sagte der Thomas, »des glaub'n Sie nedd! Ich hob mi ja affs Autofoohrn konzentriern mäin, nä, schau korzz amol niiber zu den Herrn K. dou, und nou lalld der aff aamol ›Edzer z'reißds mer die Blousn!!‹. Und nou siech ich schemenhaft, wäi er an sein Huuserdiirla ummernander noddld – und nou hodds scho gschbrazzld! In mein fast neier Auto! Brunst mer der in Fußraum vull!!! Und wäi er ferddi gween is, hodder gsachd ›Sooderla, edzer hosd auch a Drei-Liter-Auto‹. Und nou is er eigschloufn.«

Er hätte, fügte der Thomas noch hinzu, das Abfüllen seines Autos mit überschlägig drei Litern Spargelsud, Bier und Schnaps womöglich gar nicht zur Anzeige gebracht. Aber wie seine Frau am andern Früh zum Einkaufen gefahren ist, hat sie ihn gefragt, ob er neuerdings als Abortmann im Hauptbahnhof arbeitet und nach Feierabend zum Abtransport des Pissbeckeninhaltes verpflichtet ist. Weil es im Auto nämlich gottserbärmlich nach Odel stinkt. »Und mei Frau hodd scho recht g'habt«, fuhr er fort, »wall des schdinkt haid nu! Dou braugst du zum Autofoohrn an Wäschezwigger fiir die Noosn!« Das als Brunshaisla auf Rädern missbrauchte Fahrzeug sei jetzt praktisch für immer unverkäuflich, und deswegen verlange er von dem schamlosen Schleusenöffner Werner K. die Erstattung des Neuwerts seines Autos in Höhe von 22 000 Euro. Was nach Ansicht des Gerichts doch ein bisschen zu hoch gegriffen war. Auch sei er wegen seiner Weigerung, anzuhalten, weitgehend selber schuld an der übelriechenden Überschwemmung. Ein Reinigungsunkostenbeitrag vom Werner in Höhe von 150 Euro sei ausreichend. Im Übrigen möge er, riet ihm der Richter, die Notdurftreste im Auto sorgfältig kärchern und den Fußraum anschließend mit Tannenduft besprühen. »Ner fraali, Tannenduft!«, kommentierte der Thomas den Vorschlag, »Nou sachd der Autobrunser es nexd mool, wennin hammfoohr ›Gott sei Dank! Dou riecht's nach Tanne, an den Baum schiff i gschwind hii!‹«

Zahn um Zahn ...

Immer wieder neigt der durch und durch tatkräftige Mensch, manchmal durchaus auch die Menschin, zu der Ansicht, man dürfe Gleiches mit Gleichem vergelten. Wenn dir also jemand ein sogenanntes Walberla oder Posthorn – das eine konkav, das andere konvex – mittels seiner waffenscheinfreien Panzerfaust auf die Stirn hämmert, dann darfst du ihm ebenfalls eine auf die Lichter hauen. Man beruft sich dabei auf Gott und eines seiner angeblich von ihm persönlich diktierten Testamente, »Auge um Auge, Zahn um Zahn« und so weiter. Aber alles ein Irrtum, vielmehr soll man gemäß Jesus nach Empfängnis einer Drümmer Schelln sogleich seine andere Wange hinhalten, zur Entgegennahme einer weiteren Drümmer Schelln.

Im Fall des Pensionisten Jürgen F. ging es jetzt vor Gericht um Schneidezähne. Vom neutestamentlich geforderten Märtyrertum hält Herr F., wie er zu Beginn der Verhandlung deutlich ausdrückte, überhaupt nichts. »Ner fraali«, bfobferte er, »häddi nou dem Moo dou meine andern Zähn aa hiihaldn solln, dasser draff rumdrambld?! Nou häddi edzer a Zooluggn breider wäi mei Goschn.«

Eine Zooluggn, muss man wissen, ist eine Zahnlücke. Und weiters muss man wissen, dass Herr Jürgen F. damals, am Spätnachmittag der Vergeltungtat, als Festredner der Firmenpensionisten einen vorweihnachtlichen Vortrag aus der Serie »Wieder neigt sich ein Jahr dem Ende zu ...« halten hätte solln. Und während der Einstudierung dieser Rede daheim hat er zur Verbesserung der Konzentrationsfähigkeit einige Riegel Haselnussschokolade zu sich genommen, ohne allerdings zu berücksichtigen, dass im höheren Alter Haselnüsse manchmal eine höhere Widerstandskraft besitzen als nicht mehr so ganz fest im Zahnfleisch sitzende Zähne.

»Hobbi mer«, sagte er vor Gericht, »mit den scheiß Schoglood mein an Schneidezahn rausbissn g'habt. Und nou hobbi aff aamol durch die Zooluggn durch, immer wenn ich ein S oder ein Sch oder ein Z soong hob wolln, hobbi aweng durchbfiffn. Und ich konn doch in einer besinnlichen Weihnachtsred' nedd dauernd bfeifn, odder?« Beim Zahnarzt hätte die Schließung der Lücke vielleicht zwei Wochen gedauert, also ist der Jürgen auf folgende sehr gute Idee verfallen: Er hat den Schneidezahn mit Uhu wieder eingeklebt und ein paarmal die Buchstaben S und Sch und Z probiert – vollkommen frei jetzt wieder von eventuell störenden Pfiffen. »Nou schdeich ich«, schilderte er seine anschließende Fahrt mit der Straßenbahn, »am Hauboohnhuuf aus der Schdrasserboo aus, kumm naus in die Kält', mouß niesn, dass mi ball zerrissn hädd – und middn ledzdn Nieserer hauds mir drodz in Uhu, hauds mir mein Zahn widder raus!«

Es sind damals einige Passanten an der Haltestelle gestanden, denen der Jürgen sofort befohlen hat: »Kanner rührt si vom Fleck! Kann Millimeeder! Mei Zahn is mer dervoogfluung – nedd dass anner draffschdeichd!« Fast alle sind standhaft geblieben, nur der Nebenerwerbsbratwurstbrater Sebastian M. nicht. »Ja, Gott!«, sagte er, »mei Schdrasserboo is grood kummer. Und nou bin i zwaa Schritt gloffn, nou hodds aweng knirscht unter mein Schouh, schaui hii, woorn a boor Bräisala am Buudn dorddn – und des is nou scheint's der Rest vo den Moo sei Schneidezahn gween.« Daraufhin ist der Jürgen ausgerastet. »Bläide Schau, bläide!«, hat er, nicht ganz ohne Pfiffe und Zischen, durch seine Zahnlücke gebrüllt, »ich hobsch doch gschachd – aafbaschn aff mein Schneidedschahn, du doofe Nusch! Edscher gwaadschd der vull aff mein Dschahn ummernander! Wäi schollin dou eine beschinnliche Weihnachdschreed reden, du Dschibfldschiecher!« Und in der tiefen Sorge um seine Weihnachdschrede hat der Jürgen entgegen jeglicher neutestamentlicher Forderung dem Sebastian eine geknallt, womöglich sogar mit der Faust, dass nunmehr zwei Zahnlückenbüßer an der Haltestelle gestanden sind: der Jürgen und der Sebastian. Beim Sebastian ist die Hälfte des oben abgebrochenen Schneidezahns noch im Zahnfleich gesteckt, aber er hat auch nur noch zischen und pfeifen können. Unter anderem in sein Händy hinein ungefähr folgendermaßen: »Bollidschei, bitte schofort kommen! Mir ischd ein Dschahn auschgeschlagen worden!« Das angeblich biblische Prinzip »Auge um Auge« gilt vor Gericht nicht, »Schneidezahn um Schneidezahn« auch nicht, und Herr Jürgen F. wurde zu einer Geldstrafe von 3 000 Euro verurteilt. Beide Schneidezähne sind inzwischen längst wieder repariert, und so konnte der Jürgen zum Schluss seine Kritik an der Rechtsprechung vollkommen fehlerfrei, ohne pfeifende Zischlaute, aussprechen: »A saubere Justiz hom mir! A Doofl Haselnussschoglood und a Duum Uhu fiir dreidausnd Euro. Wenn i kann neier Zahn hädd – ich schbodzerd draff! Bfeilgrood durch mei Zooluggn durch.«

Großvaters Diskothekenbesuch

Land- und stadtläufige Diskotheken bergen viele Geheimnisse in sich. Zum Beispiel ist es weitgehend unklar, warum meistens weitaus mehr Menschen in eine Diskothek hinein möchten als in ihr Platz haben. Auch wäre die Frage zu erörtern, warum überhaupt jemand dort dringend einen Einlass begehrt, da man in so einem Ultraschallschuppen kaum was Nennenswertes abschleppt – Trommelfelldetonationen, Meniskusschäden, Geschlechtskrankheiten oder Störungen des vegetativen Nervensystems einmal ausgenommen. Und ein ganz großes Geheimnis bildet die Installation eines sogenannten Türstehers, dem aus welchen Gründen auch immer die Entscheidung obliegt, ob man ins Hühner-Paradies hineinkommt oder nicht.

Und jetzt noch allergrößtes und letztes Geheimnis: Von welcher Paranoia ist der Rentner Otto B. befallen gewesen, der an einem Freitag im Frühsommer sich und seine 68 Lebensjahre in eine Diskothek hineinschmuggeln hat wollen? Und warum hat er nicht wenigstens dann das Weite gesucht, wie ihm der Türsteher Peter A. damals beim ersten Versuch mitgeteilt hat, dass es sich hier um eine Vergnügungsstätte für Leute von heute handelt und nicht um eine altägyptische Mumifizierungsanstalt? Zu dem Zeitpunkt hätte der Otto noch einigermaßen ungeschoren davonkommen können. Jetzt vor dem Amtsgericht wusste er es auch nicht mehr so genau, welcher Teufel ihn in jener Nacht geritten hat. Womöglich sein kleiner Hosenteufel. Vollkommene Klarheit konnte jetzt im Prozess nur erlangt werden, was die Hartnäckigkeit vom Otto betrifft.

Und zwar hat ihn der Türsteher Peter A. beim zweiten Versuch die beliebte Türsteherfrage gestellt: »Sooch amol, hosd du a Problem odder wos?!«

Zunächst hat der Otto die Frage nicht beantworten können und ist im Dunkel der Nacht verschwunden. Zwei Minuten später war er aber schon wieder da. »Wall Sie mich gfroochd hom, ob ich a Problem hob«, hat er den Faden wieder aufgenommen, »dou mecherd ich Ihner mitteilen, dass ich ein Problem hob. Und zwar is vuur zwaa Wochn mei Frau dahamm auszuung. Nach achderdreißg Jahr Ehe. Und dann hobbi nu a Problem – gesdern is mei Wellnsittich dervoogfluung durchs offne Fenster. Odder es hodd nern die Katz gfressn, die wo mei Frau obber miidgnummer hodd. Und nu a Problem fälld mer grood ei – mei Firma hodd Insolfenz oogmeld, und nu a Problem …«

Noch ein Problem hat der Türsteher Peter A. aber keinesfalls mehr wissen wollen. Er möge jetzt sein Maul halten, hat er dem Otto dringend empfohlen, andernfalls werde er es ihm stopfen. Trotz der Drohung hat der Otto aber darauf hingewiesen, dass er ja den Peter mit keinem seiner Probleme behelligt hätte. »Ich hob Ihner doch meine Probleme bloß desweeng gsachd, wall Sie mich ausdrücklich gfroochd hom, ob ich a Problem hob.« Und schon ist ihm ein weiteres Problem eingefallen: »Da hob ich däi Dooch a Problem mit der S-Bahn g'habt. Wall, ich hob einen Fahrradausfluuch gmachd. Des hassd: machen wolln. Wall, ich hob a Schdiggla mit der S-Bahn foohrn wolln, hob es Fahrrad in die S-Bahn neigschdelld, bin numol naus und hob mein Rucksack hulln wolln und nou is die S-Bahn dervoogfoohrn. Mit mein Fahrrad. Edz hob ich zwaa Stund warddn mäin, bis die S-Bahn widder kummer is. Und wie's widder da war, die S-Bahn, is obber mei Fahrrad nimmer drin gween. Des sin Probleme, odder?!«

Nach der inbrünstigen Schilderung dieses Fahrrad- und S-Bahnproblems hat der Türsteher den Otto angebrüllt, dass er ihn jetzt endgültig am Arsch lecken soll. Darauf der Otto: »Wall Sie soong ›am Oorsch leckn‹ – dou hobbi numol a Problem. Und zwar, wenn ich edzer soocherd – umkehrd – Sie solln mich aweng am Oorsch leckn. Des dääd ja goornedd geh. Wall, mei Oorsch hodd a Luuch …« Und mit den vorläufig letzten Worten »Wennsders nedd glaubst, schau her!« hat der Otto sich erst seiner Hose, sodann seiner Unterhose entledigt und dem Türsteher demonstriert, dass das Problem mit dem Loch im Arsch durchaus seine Richtigkeit hat.

»Ich bin ein geduldiger Mensch, Herr Richter«, sagte der Türsteher jetzt in der Verhandlung, »Obber wäi mer der Problem-Großvadder dou aff aamol sein Oorsch in alle Einzlheidn zeichd hodd – dou hobbi nimmer andersch kennd. Hobbin des Luuch mid meiner Schouhschbidz aweng gschdobfd.« Also Arschtritt, aber im hochgradigen Affekt. Das mit dem Affekt berücksichtigte der Richter mit einem hohen Maß an Verständnis und sprach den Türsteher Peter A. im Namen des Volkes frei. Und fragte anschließend den Zeugen Otto B., ob er damit ein Problem habe. »Naa«, antwortete der Otto, »außer däi, wo i scho gsachd hob, hobbi momentan kanne Probleme mehr.«

Andreas, der Amoktaucher

Die Mehrzahl des schönen Wortes Tunnel ist leider im Dunkel der deutschen Grammatik verschüttet. So ist es schwer darzustellen, ob die Mehrzahl unserer hiesigen Tunnels, Tunnel beziehungsweise Dunnelle zu einem Zeitpunkt errichtet worden sind, wo hierorts noch Sahara war, also null Regen. Inzwischen gibt es aber bei uns wesentlich mehr Regen als Sahara, sogar tropischen Starkregen, und die Mehrzahl der Dunnelle ähneln dann eher dem Schwimmerbecken eines Hallenbades als einer manchmal befahrbaren Unterführung. Wegen der Nürnberger Dulln-Dunnelle ist der SUV, der gelände- und wasserfurtgängige Allrad-Roadster, erfunden worden.

So ein Ungetüm fährt auch der Malermeister Martin B. Im weitgehend vergangenen sogenannten Sommer ist ungefähr täglich dreimal ein tropischer Starkregen niedergegangen, über den der Martin in seinem 200 PS-Seenotkreuzer aber nur milde lächeln hat können. Wo andere mit g'frecktem Motor knietief im Wasser stehend ihr halb ersoffenes Auto geschoben und auf die Feuerwehr oder die Wasserwacht gewartet haben, ist der Martin stolz und unbeschadet durchgedüst. Nur einmal ist ihm was dazwischengekommen, und zwar der Mofa-Pilot Andreas H., der damals im Schutz der Zerzabelshofer Unterführung einen Starkregen und die dadurch entstandene Sintflut abwarten hat wollen.

Jetzt saßen sich die zwei vor dem Amtsgericht wieder gegenüber. »Ich schdäih dou undern Dunnell«, sagte der Andreas aus, »godzeidank nu einichermaßn druggn. Und in den Moment, wo ich es Fisier vo mein Helm nach oomer gschuum hob – in den Moment kummd der Herr B. dou mit sein Banzerschbähwoong daherbredderd, bredschd vull ins Wasser nei, und dann hob ich aff aamol gmaand, ich bin middn im Meer in einen Drimmer Hurrikahn drinner! Eine Wasserwand, Herr Richter! Wäi wenn ich mit mein Mobbedd nach Ameriga gfoohrn wär!« Wenn dieser Panzerkreuzerkapitän, merkte der Andreas noch an, schon mitten durch die Tunnel-Überschwemmung durchpflügen müsse, dann doch wenigstens in angemessener Schrittgeschwindigkeit. Er sei von seinem Mofasattel, auf dem er sich niedergelassen habe, förmlich runtergeschwemmt worden, wie eine kleine Insel habe nur noch sein Helm ein bisschen herausgespitzt. Um ein Haar wäre er ertrunken. Infolgedessen möge das hohe Gericht für seine Reaktion größtmögliches Verständnis aufbringen, am besten in Form eines Freispruchs.

»Ja, fraali, Freispruch!«, wehrte sich der Allrad-Martin, »erschdns amol hob ich den Moo mit sein Mofa ibberhabbs nedd gseeng. Zweitens hobbi ja schnell durch des Wasser durchfoohrn mäin, dassi nedd hänger bleib.« Und drittens habe er ja angehalten, wie plötzlich eine Art Hilferuf an sein Ohr gedrungen sei. Bei diesen Hilferufen hat es sich um ein gut vernehmbares Gebrüll vom Andreas gehandelt, dahingehend, dass der Martin mit seinem Wasserwerfer ein riesengroßes Oorschluuch ist, eine Dreegsau sondergleichen, ein hirnamputiertes Rimbfiech sowie ein im Nachdenk-Koma befindlicher Wasserbüffel. Ungefähr in dieser Reihenfolge. Dann hat sich der Andreas aus den Fluten aufgerappelt, ist patschnass vor zu dem Auto gewatet und hat den zu dem Zeitpunkt noch vollkommen trockenen Fahrer ins Freie gezerrt, mit den Worten »Du Haumdaucher, edzer zeichis der scho!« Und zwar hat der Andreas dem Martin gezeigt, wie man in seiner Wut zum Amoktaucher werden kann. Mit einem blitzschnellen Beinausheber hat er ihn ins Wasser bfladschn lassen, und kaum ist Herr Martin B. aus der Überschwemmung aufgetaucht, schon hat ihn der Andreas wieder unter Wasser gedrückt. »Fünfmal«, erinnerte sich der Martin, »hodder mi underdauchd. Und am Schluss hodder mi nu middn Gsichd in die Bräih neidriggd und hodd gsachd, ich solls edzer aussaufn, dass mer widder trocken durchs Dunnell durchfoohrn konn.«

Zwei damals ebenfalls im Dunnell wartende Zeugen bestätigten die Tauchvorgänge voll und ganz, sodass es mit dem beantragten Freispruch leider nichts wurde. Wegen zwangsweisem Schwimm- und Tauchunterricht beziehungsweise Körperverletzung wurde Herr Andreas H. zu einer Geldstrafe von 800 Euro verurteilt sowie vier Wochenenden Arbeit in einer gemeinnützigen Einrichtung. »Dou wisserd i scho wos«, sagte der Martin, »als Boodmaster im Allerschbercher Dunell.«

Heinz, der Hüpfburg-Plattmacher

Eine der besten Kinderbelustigungen überhaupt ist bekanntlich die aufblasbare Hüpfburg. Bei dem auf ihr stattfindenden Massenhupfen haben Kinder sehr viel Spaß sowie anschließend einige Zähne weniger, Hautabschürfungen, Drümmer Walberla an der Stirn und Kopfweh. Als eine der ältesten und traditionsreichsten Hüpfburgen gilt die Nürnberger Kaiserburg, von deren Mauer der letztlich aber dann doch beugsame Raubritter Eppelein beim ersten Versuch, seiner habhaft zu werden, mit dem Pferd hinuntergehüpft und in Richtung Nordstadt entwichen ist.

An ihr, der Nürnberger Kaiserhüpfburg, wäre der Rentner Heinz G. vermutlich gescheitert, da sie weitgehend aus Burgsandstein errichtet ist. Mit einem Taschenmesser kann man sie nicht zum Einsturz bringen. Heutige Hüpfburgen aber schon. Ausgangspunkt für den Prozess gegen den Heinz ist ein Kinderfest gewesen. Kinderfeste, überhaupt Feierlichkeiten aller Art bis hin zur Wahlkundgebung, sind ohne eine Hüpfburg heutzutage undenkbar. Auf jenem Kinderfest damals hat der Heinz seiner zehnjährigen Enkeltochter empfohlen, sie möge jetzt in der Hüpfburg nach Herzenslust hüpfen, er presse sich derweil ein oder zwei Bier über den Knorpel. Ein oder zwei Bier einschießen lassen dauert beim Heinz nicht lang, und so hat er sich bereits nach zehn Minuten wieder der Aufsicht seiner hüpfenden Enkelin gewidmet.

»Und dou hobbi dann«, sagte er jetzt in der Verhandlung, »a halbe Stund meiner Räidschl bam Hubfn zougschaud.« – »Wem, bitte?«, fragte der Amtsrichter. »Ner meiner Räidschl!«, antwortete der Heinz, »mein Enkerla, der Räidschl halt.« Es stellte sich also heraus, dass dem

Heinz seine Enkelin Räidschl heißt, beziehungsweise Rachel. »Ball a Stund lang is mei Räidschala dou drinner ummernanderg'hubfd. Und immer wenn i gschriea hob ›Räidschl! Kumm edzer raus, mir mäin hamm!‹ is widder weiter g'hubfd.« Und so ist dem Heinz nach über einer Stunde ein bisschen die Geduld abhanden gekommen. Unter größten Anstrengungen und mehrfachem Hochhupfen, Ausrutschen und katapultartigem Hinausschleudern aus der Hüpfburg hat er endlich das Gummi-Kastell gestürmt, um sein Hüpfburgfräulein Räidschl heim zum Abendessen zu entführen.

Und da ist kurz vor dem Zugriff plötzlich Herr Roland F. an seine Seite gehupft, der für diesen Nachmittag eingeteilte Burgwächter. »Schau bloß, dassd widder naushubfsd!«, hat der den Heinz angebrüllt, »konnsd du nedd lesen, odder wos! Nur für Kinder bis zwölf Jahr! Odder maansd du, des is ein Seniorenspielplatz!« Zack – und schon ist der Heinz nach einem leichten Rempler in einer Mischung aus Halbsalto und geschraubtem Seitsprung wieder aus der Hüpfburg hinausgeschnalzt worden. »Und nou«, sagte der Hüpfburggraf vom Dienst, Herr Roland F., als Zeuge, »nou hobbin nu aweng nouchgschaud, nedd dasser widder zum Hubfn reigrabbld. Und nou siech ich, wäi er um mei Hübfburch rumschleichd, langt aff aamol in die Huuserdaschn, zäichd wos raus, haud dermiid aff die Gummihaut – und in den Moment hodds scho zischd aa. Und gwaggerd und gschnorchld hodds. Wäi wenn anner einen Gewaltschieß lässd. – Hodd der alte Graddler«, fuhr der Roland fort, »hodd der mid sein Daschnmesser ein Drimmer Luuch in mei Hübfburch neigschdochn! Den mäins doch irchndwos in sein Grießbrei neidou hoom! Ummer a Hoor wär mer mei ganze Hübfburch zammgrachd!«

Erst machte der Heinz geltend, dass er überhaupt kein Taschenmesser besitzt, und dass er nichts dafür kann, wenn einer sowieso schon abgeschlafften, notdürftig runderneuerten Hüpfburg auf ihre alten Tage die Luft ausgeht. Wie ihn dann aber der Richter darauf aufmerksam machte, dass man bei den Tatortermittlungen im nahen Gebüsch ein Taschenmesser mit den eingravierten Initialen H. G. gefunden habe, gab er den sauber durchgeführten Luftlochschnitt an einer Hüpfburg zu. »Obber ich hob ja nerblouß mei Räidschl aus dera scheiß Hübfburch raushulln wolln«, entschuldigte er sich, »wall, numol dou drinner ummernanderhubfn wäi a bsuffns Känguruh – dou wersd du doch wahnsinnich, odder?! Drum hobbi mer denkt, a Hübfburch ohne Luft und ohne Hubfn – dou häddn aa mir aldn Laid wos dervoo.« Das Herstellen einer beinahe luftleeren und hupffreien Hüpfburg machten vier Monate auf Bewährung und eine Geldbuße von 1 500 Euro. »Ob ich«, sagte der Heinz bei seinem Schlusswort, »ob ich vielleichd wenigsdns mei Daschnmesser widder hoom kennd?« – »Nein, wird gerichtlich eingezogen«, beschied ihm der Richter. Denn Frankens Hüpfburgen stehen unter Denkmalschutz.

Der Nachthemdkrieg

Zwischen einem Nachthemd im Sonderangebot und einem Autozündschlüssel besteht vermutlich nicht oft ein innerer Zusammenhang. Vor Gericht durfte der Ehemann Anton M. jetzt darlegen, wie verheerend sich so ein extrem seltenes Zusammentreffen auswirken kann. An einem Samstag hat die Monika, Ehefrau von Herrn M., während des Frühstücks in den der Zeitung beiliegenden fünf Pfund Prospekten einen Traum von einem Nachthemd entdeckt, mit einem Nachlass von sage und schreibe 20 Prozent. »Nou simmer«, sagte der Anton jetzt in der Verhandlung, »middn Auto in die Stadt gfoohrn. Obber an den Dooch, Herr Richter, sin scheint's alle in die Stadt gfoohrn. Weecher den Nachdhemmerd. Und wäi mer am Obbernhaus a halberde Stund im Stau gschdandn sin, hobbi gsachd, dass mer edzer widder hammfoohrn. Obber weecher den gschissner Nachthemmerd hobbi nedd hammfoohrn derfn.«

Zu dem Zeitpunkt hat sich das Nervensystem vom Anton bereits kurz vor dem Siedepunkt befunden. Man hat es als Beifahrer seinem Wortschatz entnehmen können: »Oorschluuch, bläids!«, »Dumme Sau, will si der edzer dou neizwänger!«, »Rimbfiech, dou konnsd warddn, bisd schwarz wersd!«, »Homs den ins Hirn gschissn?!«, »Ner gloor, a Färdder!!!« und so weiter, sodass der Anton und die Monika aus rein gesundheitlichen Gründen die Plätze getauscht haben. Die Monika also am Steuer. Nach fünf weitgehend schimpfwörterfreien Minuten ist sie bereits die Einfahrt zum Parkhaus hinuntergefahren. Vor ihr in der Warteschlange nur noch drei Autos vor der Schranke. Dort hat sich dann wieder der Anton zu Wort gemeldet – mit der Frage, warum die Vollpfosten und Arschgeigen vor ihnen nicht weiterfahren. »Wäll es Parkhaus vull is«, antwortete die Monika. Und dann teilte sie ihrem Mann die weitere Strategie betreffs des Nachthemdes mit: »Ich schdeich edzer aus, du hocksdi widder ans Steuer und wardsd, bisd neifoohrn konnsd. Und ich gäih edzer awalln vuur zum Kaufhof, kaaf mer mei Nachthemmerd, und nou dreff mer si widder am Parkhaus-Eingang.«

Ein grundsätzlich sehr guter Plan, allerdings mit einem kleinen Haken. Wie die Monika schon längst in Richtung Nachthemmerd unterwegs war, ist es drunten im Parkhaus wieder ein bisschen vorwärts gegangen. Freudig hat der Anton das Gaspedal getreten, aber es ist kein Gas gekommen. Und zwar, weil der Motor nicht gelaufen ist. Und der Motor ist nicht gelaufen, weil die Monika beim Aussteigen den Zündschlüssel abgezogen und ihn aus Versehen zum Nachthemdkaufen mitgenommen hat. Nach vielleicht 30 Sekunden hat der Anton hinter sich einem Hupkonzert lauschen dürfen, dass ihm fast die Ohren davongeflogen wären.

Weitere 30 Sekunden später ist ein Herr am Seitenfenster vom Anton aufgetaucht, mit der Frage, ob er nicht seinen Brunskübl von Auto in Richtung Schranke weiter bewegen möchte. Zunächst hat der Anton, bereits mit einigen Schweißperlen auf der Stirn behaftet, geantwortet, der Fragesteller, ein Herr Gernot K., möge bitte sein Maul halten. Anschließend hat er ihm geraten: »Wenn Sie's fei eilich hom, nou gänger S' edzer vuur zon Kaufhuuf, in die Nachthemmerdabteilung, froong nach meiner Frau und loun si vo ihr in Zindschlissl geem, kummer widder her, und nou steckin nei.« Darauf der Gernot: »Nou steckin nei, nou steckin nei! Hosd du dein Zindschlissl im Oorsch steckn odder wos?! Wenn ja, nou dousd edzer in Gang raus und die Handbrems, und nou lässd dein scheiß Huubl zur Schranken vuur rollern, Affnoorsch, saudummer.« – »Selber Affnoorsch!«, brüllte unter beifälligem Alarmhupen hinter ihm der Anton aus dem Fenster, »ohne Zindschlissl läffd der Motor nedd, und ohne Motor gäihd die Handbrems nedd raus. Hau ab, Doldi!« Da hat sich der Doldi namens Gernot mit Kopf und Armen durch das geöffnete Seitenfenster gezwängt, um die neuartig mit der Zündung kombinierte Handbremse händisch zu lösen.

Jetzt vor Gericht machte der Anton geltend, es habe sich bei dem Eindringen in sein Auto ganz klar um einen Haus- beziehungsweise Autofriedensbruch gehandelt. »Und nou hobbi den Moo sein Kubf«, sagte er jetzt, »a bissala in meine Baaner neizwiggd. Sunsd hobbi nix gmachd.« – »Ner fraali – sunsd nix gmachd!«, sagte der Gernot, »in seine Oberschenkl hodder mein Kubf neibressd, dassi ball derschdickd wär. Mei Brilln woor hii, und wäi mi mei Frau widder rauszäing hodd wolln, hoddera anne an Backn naafg'haud. Und aff aamol is sei Frau kummer. Hoddera des Nachthemmerd abgnummer, hodds mir übern Kubf zuung, dassi nix mehr gseeng hob, und dann hodder mer an Oorschdridd geem. Und seiner Frau glaab i aa.« Wegen Körperverletzung in zwei bis drei Fällen machte es eine Geldstrafe von 800 Euro. Die letzte Frage vom Anton, ob es seitens der Justiz auf die 800 Euro ähnlich wie bei Nachthemden auch 20 Prozent Rabatt gäbe, blieb unbeantwortet.

Ein Schuhschränklein auf Himmelfahrt

Der fränkische Mensch, speziell der mittelfränkische, neigt zum Diminutiv, also zum notorischen Verkleinern seiner wahren Größe. So schildert er einen vermeintlichen Ausnahmezustand seiner Hirnzellen etwa mit dem Satz »Bin der iich vielleicht haid widder a Debberla!«, womit natürlich gemeint ist, dass es sich bei ihm um einen vertrottelten Volldeppen handelt, nicht nur heut', sondern fast immer, nicht vielleicht, sondern ganz sicher.

Weitere Beispiele auf dem Gebiet der Verniedlichung bilden das Schaifala, das Gniedla, das Gnechla, das Gänsla, das Määßla – also alles Gebilde, welche mitnichten niedlich sind, sondern überdimensionale, von Ausheimischen kaum bezwingbare Essens- und Trinkwürdigkeiten darstellen.

Auch im Prozess gegen den Wohnungsvermieter Peter S. ist es um eine womöglich nicht ganz zutreffende Verkleinerung gegangen, nämlich um ein Schouhschränkla, ein winziges Schränklein für die Aufbewahrung von nicht minder winzigen Schühlein.

Sehr zum Leidwesen von Mietshausinhabern pflegen Mieter das Treppenhaus oft als zum Wohnraum gehörig zu betrachten. Sie plazieren dort Regale aller Art, an den Urwald gemahnende Schlingpflanzen, Fahrräder, Fahrradanhänger, Kinderwagen und eben auch Schouhschränkla. Ein solches Schuhschränklein aus dem Bestand einer schwedischen Handelskette für lose Bretter und zu kurze Schrauben hat also der Mieter Jochen B. binnen nur drei Tagen zusammengefügt und vor seiner Wohnungstür im Treppenhaus, nach Abhaltung eines entsprechenden Richtfestes, feierlich aufgestellt. Bereits einen Tag später hat es der Hausherr Peter S. dem Jochen gegenüber mit den Worten moniert: »Brennd Ihner der Kiddl, odder wos?! Wos soll nern däi Schrankwänd dou?! Däi kummd obber sauber widder wech! Und zwoor aff der Schdell!«

Auf den untertänigst vorgebrachten Einwand vom Jochen, es handle sich hier mitnichten um eine Schrankwand, sondern lediglich um ein Schouhschränkla, für welches sich in der Wohnung leider kein Platz finde, hat ihm der Peter beschieden: »Des is mir worschd, ob Sie an Platz finden odder nedd. Nageln S' Ihrn Schrank weecher mir aff die Deckn naaf. Obber dou im Treppnhaus kummds wech! Und Ihre Schouh denner S' am besdn in Kühlschrank nei – däi schdinkn ja wäi a Baggschdaa-Käs!« Jetzt in der Verhandlung wollte der Richter wissen, über welche Maße das Schuhschränklein verfügt. »Ner ja«, sagte der Jochen, »a boor Zendimeederla in der Breitn und a boor Zendimeederla in der Häich hodds scho g'habt.« – »Ja fraali, a boor Zendimeederla!«, mischte sich Herr Peter S. ein. »Ich hobs gmessn. Hunderdfuchzg Zendimeederla breit und zwaahunderd Zendimeederla houch! Dou kommer scho vo Meederla schbrechn, odder?!« Und fuhr dann fort: »Wemmer dou nix dergeeng macht, nou schdäihd nexd Wochn a Drimmer Küchnbüffee im Treppnhaus und a Sofa und a Wohnzimmertisch odder wos!« Also, völlig klar: Wehret den Anfängen, beseitigt das Schouhschränkla! Und kurz nach Intervention vom Peter hat sich das Schuhschränklein auf Nimmerwiederschrauben verabschiedet. »Und meine ganzn Schouh«, sagte der Jochen, »woorn aa fordd. Hobbi mit die Hausschlabbn fräih in die Ärwerd gmäißd. Und wäi ich Oomds die Schlabbn vuur die Tür gschdelld hob, sinds am andern Dooch auch verschwundn gween. Häddi barfers in die Ärwerd gmäißd!«

Wo das Schuhschränklein sich momentan befinde, wollte der Richter wissen. »Sie maaner, die Schrankwänd«, sagte Herr Peter S. »Däi is – also ich nimm oo, im Himml.« Wieso im Himmel? »Wall«, fuhr der Peter fort, »ich hobs den Moo dreimal gsachd, dass des Graffl wechkummd. Und wie's dann nicht wechkummer is, hobs iich wechdou. Zammg'säächd und in mein Kachliifala neigschürt.« Ein Kachliifala ist ein winzig kleiner Kachelofen mit vielleicht acht Kubikmeterla Rauminhalt. Und die angeblich an Backsteinkäse gemahnenden Schuhe von Herrn Jochen B.? »Däi hobbi in die Kleidersammlung dou wolln, obber dou hom sie's nedd gnummer. Weecher Geruchsbelästigung. Edzer werns aa im Himml sei – Müllverbrennung, nä.«

Wegen Verursachung der Himmelfahrt eines Schuhschränkleins samt Inhalt wurde der Hausbesitzer Peter S. erstens zur Kostenerstattung des Schränkleins und neun Paar angeblich anrüchiger Schuhe verurteilt und zweitens zu einer Geldstrafe von 4500 Euro. »Bin der iich vielleichd a Debberla!«, kommentierte der Peter das Urteil, »ich hädd nachn Eischüürn vo den Schouhschränkla in mei Kachliifala, dou hädd ich die Asche zammgradzn solln. Und nou häddis den Moo innern glann Düüdla vorbei bringer kenner. Hädders widder g'habt, sei Schouhschränkla. Des Haichderla …«

Wie man einen Wasserfall erzeugt

Die Wissenschaft mutmaßt im Lauf der Zeit viel, unter anderem neuerdings, dass es etwa in 50 Jahren weltweit Kriege um unsere neben dem Bier kostbarste Flüssigkeit, um Wasser, geben wird. Höchstwahrscheinlich hat die Wissenschaft noch keine Kenntnis erlangt von einem gewissen Rudi K. Er würde über die Prognose der Wasserkriege in 50 Jahren milde lächeln, da er einen solchen bereits vor einem Vierteljahr geführt hat. Mit mäßigem Erfolg, muss man sagen, denn davon, dass er ihn gewonnen hat, kann keine Rede sein. Eher im Gegenteil.

Zum Wasserkriegsverlauf muss man wissen, dass der Fliesenlegermeister Rudi S. seit seiner vor zwei Jahren erfolgten Ehescheidung gewissermaßen mit einem Gasthaus altfränkischer Prägung verheiratet ist. Dort pflegt er beinahe allabendlich den beim Fliesenschneiden entstehenden Staub mit dem bereits erwähnten Bier zu bekämpfen.

An jenem Abend des Wasserkriegsausbruchs muss sich der Fliesenstaub sehr dicht in seiner Gurgel abgelagert haben, sodass nach Aussagen des Gastwirts Fritz G. gut und gern acht Bier zu seiner Entfernung notwendig gewesen sind. Jetzt ist das eine Übel, nämlich der Feinstaub, beseitigt gewesen, jedoch hat sich ein Neues eingestellt, nämlich ein sogenannter Brand. Also ein akuter Durstanfall sondergleichen, den man aber, so einem der Alkohol bereits bis Oberkante Unterlippe steht, tunlichst nicht mit Bier, sondern mit Wasser einzudämmen versucht.

»Wäi des dann an den Wasserhahner im Abort bassierd is«, sagte der Rudi vor dem Amtsgericht, »des wassi aa nimmer suu genau. Ich bin weecher mein Dorschd an den Hahner droo g'hängt, hob aufdreht, obber es is ums Verreckn ka Wasser kummer.« Dabei hat es sich jedoch um einen Irrtum gehandelt, denn es ist doch ein Wasser gekommen, und zwar buchstäblich in Hülle und Fülle. Die Fülle hat letztlich vielleicht aus einigen Hektolitern bestanden, bei der Hülle hat es sich um den Jackenärmel, das Hemd, die Hose, die Strümpfe und die Schuhe vom Rudi gehandelt. Irrtümlich hat er sich nämlich das brandlöschende Nass nicht in den Mund, sondern aus Versehen in den Ärmel laufen lassen.

»Mer konn soong, Herr Richter«, fuhr er in seinen Schilderungen fort, »dass ich bragdisch gsuffn und gsuffn hob wie ein Wasserbüffl, obber es is ka Wasser kummer.« Nur unten aus dem Hosenbein raus, was der Rudi aber leider nicht gewahr worden ist. Nach vielleicht zehnminütigen Versuchen, ein Maul voll Wasser zu erlangen, hat der Rudi aufgegeben, ist zurück in die Gaststube getaumelt und hat dort den Wirt gefragt: »Hosd du die Wasserrechnung nedd zoohld odder wos? Am Abordd kummd ka Wasser.« Der Gastwirt Fritz G. angesichts des von oben bis unten triefenden Rudi: »Wasser nüdzd dou nix mehr. Suu wie du dich vullbrunsd hosd. Schau blouß, dassd hammkummsd. Und nou leegsd di in Wäschedruggner, zäigsd wos Frisch oo, und nou konnsd widder kummer.« Also praktisch vorübergehendes Lokalverbot.

Was sich derweil draußen auf der Toilette ereignet hat, weiß man nicht genau. Also ob der Rudi aus Rache für die Ausweisung aus seinem Paradies den Wasserhahn absichtlich noch einmal geöffnet hat, ob probehalber oder ob das Wasser seit seiner Umleitung durch Jackenärmel, Hemd und Hose weitergelaufen ist. Sicher ist nur, dass Herr Rudi S. etwaige Folgen seines Tuns draußen vor der Wirtshaustür abgewartet hat, dass der Wirt ungefähr eine Stunde später nachschauen hat wollen, ob der Wasserhahn tatsächlich seinen Geist aufgegeben hat, und dass er beim Öffnen der Klotür gedacht hat, er befindet sich plötzlich in Toronto oder in Schaffhausen. Also mitten im Niagara- oder im Rheinfall. »Der Wasserhahner is vull gloffn«, sagte er jetzt im Prozess aus, »es Waschbeckn woor scheint's verschdobfd, und im Abodd mouß es Wasser ball an Meter hoch gschdandn sei. Obber es Schennsde kummd ja nu. Dorgld der Gnaller aff aamol widder rei zur Tür, sichd die Hochwasser-Katastrophe und sachd ›Ja subber! Edzer läffd ja es Wasser widder!‹ Und nou isser erschd durchs Wasser durchgewatet, hodd si an Wasserhahner hiig'hängd – is nern die Bräih widder durchn Ärml durchgloffn. Und nou hodder gsachd ›Is scho widder aus, kummd nix mehr. Gibsd mer doch läiber nu a Bier.‹ Wos soong S' nern edzer dou derzou, Herr Richter?« Der Herr Richter formulierte es folgendermaßen: Der Rudi wird wegen vorsätzlicher Herbeiführung eines Wasserfalls, teils durch den Ärmel, teils durch das Gasthaus, zu einer Geldstrafe von 500 Euro verurteilt und muss außerdem für die Kosten der Sintflut aufkommen.

Der Geheimdienst hinter der Mauer

Ein Ei-Phone oder Händy birgt unschätzbare Vorteile in seinem mysteriösen Inneren. Nicht nur, dass man mit seiner Hilfe zum Beispiel als Bundeskanzlerin direkt mit der Geheimbaracke von Obama verbunden ist, sondern man kommt darüber hinaus auch in den Genuss von einem MMS, von IM, PIM, ERP, CRM, API, GSM, UMTS, HSCSD oder gar Tethering. Diese Funktionen sind vermutlich lebensnotwendig, erschließen sich allerdings dem Ei-Phone-Inhaber über fünfzig in keiner Weise. Als sehr nachteilig kann sich zudem erweisen, dass man mit dem Hosentaschenvibrationsgerät auch in der Lage ist, bewegliche Bilder herzustellen, also zu filmen.

Ob die Bundeskanzlerin vom Obama schon gefilmt worden ist, weiß man nicht. Wahrscheinlich schon, womöglich aber nicht in der zwielichtigen Form, wie es den Frührentner Hannes D. erwischt hat. Rein theoretisch hätte es ihn Hunderttausende Euro kosten können. Dazu muss man wissen, dass der Hannes gelegentlich an der Nürnberger Frauentormauer entlangschlurcht. Nach eigenem, vollkommen glaubhaften Bekunden wählt er diesen Weg vor allem aus historischen Gründen, aus purem Interesse an alten Baudenkmälern. Um von Zeit zu Zeit wieder einmal die mittelalterliche Mauerfugenbaukunst zu studieren. Danach pflegt er ins Wirtshaus zu schreiten, um dort seine historischen Forschungen in Ruhe nachwirken zu lassen.

Im vergangenen Sommer hat er wieder einmal die Fugen an der Frauentormauer studiert. Anschließend hat er sich wie immer in seinem Stammgasthaus einige Biere einströmen lassen, als plötzlich in Form von Andreas G. ein alter Bekannter vom Hannes aufgetaucht ist, mit der überraschenden Bitte: »Häddsd amol an Hunni fiir mich?« Also einen Hunderter. »Ja, scho«, sagte der Hannes, »konnsd scho hoom. Wann gräichin widder zrigg?« Der Andreas hat den Hunderter in Empfang genommen und geantwortet: »Des konni der ganz genau soong, wann dassd den widder zrigg gräigsd – nemli ibberhabbs nimmer.« Hat sein Taschentelefon präsentiert, zwei-, dreimal kurz mit dem Daumen drübergewischt, beziehungsweise getoucht, und schon hat sich der Hannes auf einem superscharfen Händy-Film beobachten können, wie er an der Frauentormauer mittelalterliche Fugen studiert. Und zwar im erregten Gespräch mit einer mittelalterlichen, gewerblichen Dame. Danach hat man ihn im Hauseingang verschwinden sehen, auf dem Weg zum Verfugen vermutlich. Und nach der Videovorführung hat der Andreas dem Hannes eröffnet: »Unter Umständen konnsd nerdirli dein Hunderter scho widder zrigg hoom. Obber nou zeich i deiner Frau den Film. Kennd doch sei, dass si däi auch aweng für Alterdummsforschung indressierd, odder?« Also hat der Hannes auf jegliche Rückzahlung verzichtet.

Wenn man jetzt so eine vortreffliche Geldquelle in der Hose hat, muss man sie natürlich auch sprudeln lassen. Und bereits eine Woche später hat der Andreas den Hannes erneut um einen Hunni gebeten, und erneut mit einem Rückzahlungstermin ungefähr nach Beendigung der Ewigkeit. Und noch einmal eine Woche später ist schon wieder ein Hunderter fällig gewesen. »Ich hobs mer nou ausgrechnd«, sagte Herr Hannes B. jetzt vor Gericht. »Soong mer amol, ich sterb mit 85 Joohr, des sin nou nu 35 Joohr, wo der jede Wochn vo mir an Hunni will. Des sin ja nou über 180000 Euro! Blouß wall ich aamol in mein Leem aus Verseeng durchs Buff gloffn

bin! Odder zwaamol. Und nou bin i zur Bollizei ganger.«
Zu dem Zeitpunkt hat der Hannes bereits dreimal einen
Hunderter löhnen müssen.

Den Vorwurf der Erpressung wies der angeklagte
Taschenfilmer Andreas G. aber mit großer Entrüstung
zurück: »Also, Herr Richter! Sie wern doch nedd glaum,
dass ich einen aldn Freind erpress! Also des lichd mir
fern, Herr Richter! Ich geh jeden Sunndooch in die Kirch,
und Oomds dahamm les ich regelmäßich die Bibel fei.«
Was, wenn nicht Geld, er sich dann aus dem Zufallstref-
fer von Video erhofft habe, fragte der Vorsitzende. »Des
hädd ein Schock sei solln fiirn Hannes«, antwortete der
Andreas, »dass er widder affn richdichn Weg findet. Und
ein gottesfürchtiges Leben führt. Ohne Buff.« – »Affern
suu an Schock«, rief der Hannes dazwischen, »konni fei
verzichtn! An Schock vo 180000 Euro!« Und fragte dann
noch nach: »Aff wos fiir an richdichn Weg bisd nern
nou du gween, wäisd an den Dooch durch's Buff ganger
bist, hä?!« Worauf der Andreas feierlich verkündete:
»Die Wege des Herrn sind unergründlich.« Ein Spruch,
der auch ganz gut auf den amerikanischen Präsidenten
passt. Im Gegensatz zu ihm, dem Präsidenten, ging es für
Herrn Andreas G. aber nicht gut aus: neun Monate mit
Bewährung und eine Geldbuße von knapp 3000 Euro.
Wann der Obama vor Gericht steht, ist derzeit noch
ungeklärt.

Drei Tropfen täglich

Zum weitgehend selbst aufgeklärten Kriminalfall der 81-jährigen Witwe Margarete F. muss man wissen, dass »Die Baa« nicht nur ein altes, von Willi Händel und Karl Vogt ersonnenes Nürnberger Volkslied ist, sondern es sich im hierorts immer noch eher selten vorkommenden Hochdeutsch auch um was Gehbares handelt: um die Beine. Frau Margarete F. ist also heuer im Frühjahr auf der Polizeiinspektion erschienen und hat dort in großer Aufregung Folgendes zu Protokoll gegeben: »Griss Godd! Es dreht sich weecher die Baa. Und zwar, wo mir der Moo im Werzhaus meine Baa oogschaut hodd. Dass ich Gicht hob, odder wos, und edzer schdäid er draußn an der Bushaldeschdell. Der Brofessor Doktor Hämmerlein odder suu ähnlich. Der wo gsachd hodd, dass nern meine Baaner ibberhabbs nedd gfalln. Wenn S' nern nedd glei verhaften, isser fordd, der Bemmerlein. Weecher die zwaadausnd Euro. Wall, die Drobfn sin nemli Wasser gween. Der Maulaff! Von wegen Brofessor Doktor Wimmerlein, odder wos wass iich! Derbei hob iich goornix mid die Baa g'habt.«

Es hätten also die Polizeibeamten einen gewissen Professor Dr. Hämmerlein, Bemmerlein oder auch Wimmerlein draußen an der Bushaltestelle sofort vorläufig festnehmen sollen. Was sie nach weitergehenden Befragungen der Anzeigeerstatterin auch getan haben. Und jetzt ist der Herr Professor Dr. Hämmerlein und so weiter, der mit richtigem Namen Hans-Jürgen G. heißt, vor Gericht gestanden. In der Verhandlung äußerte sich der Hans-Jürgen zunächst dahingehend, dass er entweder einer Verwechslung größten Ausmaßes anheim gefallen ist oder dass Frau Margarete F. an einer Verwirrung seitens ihres Gedächtnisses leidet. »Ja fraali«, fuhr da die

Margarete dazwischen, »vuur an halb'n Joohr häddi nu Gicht g'habt und edzer binni aff aamol aweng bläid im Kubf, hä?! Häddn S' nou fiirn Kubf vielleichd aa Drobfn um zwaadausnd Euro?!«

Der Hans-Jürgen soll vor einem halben Jahr jenes Gasthaus betreten und die Margarete gefragt haben, ob es gestattet sei, an ihrem Tisch Platz zu nehmen. Und wie die Margarete einige Zeit später sich kurz erhoben, mit einem Bein ein bisschen aufgestampft und sich dann wieder gesetzt hat, hat der Hans-Jürgen einen prüfenden Blick über die Beine seiner Nachbarin gleiten lassen. »Ihre Baa«, hat er dann mit sorgenvollem Blick geäußert, »Ihre Baa gfalln mer fei goornedd.« Er sei überzeugt, es handle sich um erste Symptome von Gicht. Und mit den Worten »Da hätt ich wos fiir Sie« hat er der Margarete seine Visitenkarte überreicht, mit dem Aufdruck »Prof. Dr. med. Dennerlein«. »Hobbi doch gsachd«, stellte die Margarete jetzt in der Verhandlung fest, »Bemmerlein odder Hämmerlein odder Wimmerlein odder suu ähnlich. Und nou hobbin gfrouchd, ob ich efendwell amol in sei Sprechstund kummer kennd. Und nou hodd er gsachd, des is nicht notwendich. Wenn i will, schaut er si meine Baa ba mir dahamm numol genauer oo. Ner ja, hobbi mer denkd, vonnern Brofessor Dokter Schwämmlein odder suu ähnlich konnsder dahamm scho amol deine Baa undersoung loun.« Daheim bei der Margarete hat der Prof. Dr. med Dennerlein dann diagnostiziert, dass sich die Gicht bereits im fortgeschrittenen Stadium befindet. Aber kein Problem, zufällig habe er ein Fläschlein dabei, welches erst jetzt in den USA entwickelte Gichttropfen enthalte. Fünf Jahre lang getestet, hundertprozentig wirksam, aber leider extrem kostspielig: 2 500 Euro, für sie aber, die Margarete, zum Sonderpreis von lediglich 2 000 Euro. Drei Tropfen täglich, und nach dem Aufbrauchen des Flascheninhalts sei die Gicht für immer besiegt. »Sin S' mer nedd bäis, hohes Gericht«, sagte der Hans-Jürgen, »obber däi Frau hodd fiir miich an Schlooch.« – »Ganz gloor«, kommentierte die Margarete die Aussage, »die Gicht hobbi in die Baa, bläid binni im Kubf und edzer aa nu an Schlaganfall. Wenn i dou aus den Gericht rauskumm, nou foohr i am besdn glei am Westfriedhuuf niiber.«

Den Weg kann sich die Margarete aber vorläufig sparen. Bei der Haussuchung damals hat die Polizei noch zwei weitere Visitenkarten entdeckt mit der Aufschrift »Prof. Dr. med. Dennerlein« sowie drei ehemalige Hustensaftfläschchen, gefüllt mit den amerikanischen Wundertropfen gegen Gicht beziehungsweise fränkischem Leitungswasser. Außerdem schwor die Margarete bei Gott, dass es sich bei Herrn Hans-Jürgen G. eindeutig um den selbsternannten Prof. Dr. med. Hämmerlein, Bemmerlein, Schwemmlein, Wimmerlein oder auch Dennerlein handelt, den sie damals an der Bushaltestelle wiedererkannt hat. Wegen Betrug ist der einschlägig vorbelastete Hans-Jürgen zu 18 Monaten ohne Bewährung verurteilt worden. »Und meine zwaadausnd Euro?«, fragte die Margarete. »Däi hom S' doch gut angleechd«, sagte der Hans-Jürgen, »odder spürn Sie nuwos vo Ihrer Gicht in die Baa?«

Meuterei im Personenschifffahrtshafen

Abschlussprüfungen sind oft sehr schwer, die vermutlich mit Abstand schwerste Abschlussprüfung bildet jedoch der sogenannte Junggesellenabschied. Bei ihm konzentriert sich die Schwere etwa einen bis eineinhalb Tage danach auf den Kopf, in dem es von den Folgen von Laternenmaßen, Gin Tonic ohne Tonic, kubanischem Rum mit einem Spritzer Cola, Caipirinhas, Wodka Red Bull, Hugo, Hetzelsdorfer on the Rocks und anderen Mischgetränken nur so wimmelt.

Ungefähr in obiger Reihenfolge ist der angehende, bereits 45-jährige Bräutigam Hans-Peter F. in ein neues, nämlich in Zukunft zweisames Leben hinübergeglitten. Mittags hätte die standesamtliche Hochzeit stattfinden sollen. Zu ihrer Vollziehung hätten sich Braut, Standesbeamte, Trauzeugen, Eltern und einige Reiskornstreuer aber um ein Haar statt ins hiesige Rathaus in die Niederlande, und zwar nach Rotterdam begeben müssen.

Jetzt vor Gericht konnte sich der Hans-Peter die Sache mit Rotterdam nur als einen vermutlich im Unterbewusstsein erzeugten Fluchtversuch einigermaßen erklären. Im Unterbewusstsein spielen ja die bereits erwähnten Laternenmaßen, kubanischer Rum, Wodka Red Bull, Hugo oder eisgekühltes Hetzelsdorfer oft eine dominierende Rolle. Mit ihnen angefüllt ist Herr Hans-Peter S. also um die Mittagszeit auf einer Bank in der Nähe des Schönen Brunnens erwacht und hat sich dort aus nicht mehr ganz nachvollziehbaren Gründen einer amerikanischen Reisegruppe angeschlossen.

»Dou hodd mich anner vo die Ami«, sagte er vor Gericht, »hodd der mich in gebrochenem Deutsch gfrouchd, ob ich zufällich ein Light hob. Also a Feierzeich.

Wall, der hodd scheint's gschwind anne bleschn wolln.«
Er, der Hans-Peter, hat dann'ebenfalls eine geblescht, ist
mit jenem Herrn namens Bob näher bekannt geworden,
hat mit ihm zur Behebung der Kopfschmerzen beim
Passieren des Tiergärtnertorplatzes zügig ein Rauchbier
eingenommen und ist anschließend – wie und warum
weiß er auch nicht – neben seinem neuen Freund Bob
in einem Omnibus gesessen. Teils habe er sich, sagte
der Hans-Peter, mit seinem neuen Friend englisch, teils
deutsch, meistens aber in einer Mischsprache unterhal-
ten.

Der Bus ist, wie man sich denken kann, zum Hafen
gefahren, wo das Flusskreuzfahrtschiff vom Smoking Bob
vor Anker gelegen ist. In zwei Stunden hätte es in Richtung Rotterdam ablegen sollen. »In denni two hours«, hat
der Hans-Peter vorgeschlagen, »there kenndn mir nu two
or three Seidla in pipen.« Womit er »neibfeifn« gemeint
hat. Während dieser two or three oder eventuell auch
four or five Seidla hat der Bob den Hans-Peter animiert,
dass er mit nach Rotterdam fahren soll. »Obber dou is
nou suu a Uniform-Heini an der Drebbn gschdandn«,
sagte der Hans-Peter, »und hodd zu mir gsachd, I shall go
away, otherwise shepherds. Also andernfalls schebberds.
Und nou hodd der Kaschber die Police oogruufn.« Während sich sein neuer Freund Bob infolge eines stattlichen
Qualms in die Kabine begeben hat, ist die alarmierte
Police in eine längere Diskussion mit dem Hans-Peter
verwickelt gewesen. »Yesterday«, hat er den Beamten
erklärt, »I had Junggesellen-Departure with a little Preller
and edzerdla i drive to Rotterdam. With Bob, you know,
du Depperla!«

Auf die dienstliche Mitteilung des Polizeiobermeisters,
dass er jetzt keinesfalls to Rotterdam dreifd, sondern

entweder home oder in die Ausnüchterungszelle, hat der Hans-Peter erklärt, dass er sowohl auf Home-Dreifen als auch auf die Ausnüchterungszelle scheißt. Im Rahmen der Meuterei im Personenschifffahrtshafen soll der Hans-Peter sodann die Dienstmütze des Polizisten ergriffen und sich selber auf den Kopf gestülpt haben. »Look me on«, hat er dann gelallt, »this is my Captain's Müdzn! I am the Capatain and I drive now to Rotterdam, du Oorsch. And you – rolling home, you Rimbfiech! Obber aweng suddenly, wenn's gäihd!« Er ist aber dann mittels Polizeigriff doch von der Schiffsreise nach Rotterdam abgehalten worden und statt in der Außenkabine neben seinem Freund Bob in der Ausnüchterungszelle gelandet. Wegen Widerstand gegen Vollstreckungsbeamte ist Herr Hans-Peter S. zu einer Geldstrafe von knapp 2 500 Euro verurteilt worden. »Und die Hochzeit?«, fragte der Richter den verhinderten Rotterdamflüchtling. »Findet edzer efendwell nexds Jahr im April schdadd«, sagte der Hans-Peter, »vo meiner zukümbfdichn Frau hobbi a halbs Jahr Bewährung gräichd.«

Werner, der Wackel-Dackel

Autofahrer rufen sich oft liebevolle Beifallskundgebungen zu wie etwa »Oorschluuch, bläids!«, »Dumme Sau, dumme!« oder »Du iiberhulldsd mi edzer obber wergli nedd! Zibflziecher, dummgsuffner!« Wunderbare Bemerkungen, aber leider sinnlos, da sie der so fantasievoll angesprochene Zibflziecher infolge geschlossener Autofensterscheiben meist nicht hört. Eher verständlich ist da schon die auch oft zu Hilfe genommene Zeichensprache. Wobei das Andeuten eines Vollvogels mittels Zeigefinger an der Stirn, die mit zwei Fingern signalisierte Loch-Symbolik oder die Scheibenwischer-Pantomime nach gängiger Rechtsprechung als Beleidigung gewertet werden. Einem anderen Autofahrer straffrei mitzuteilen, dass es sich bei ihm zum Beispiel um ein rücksichtsloses Rimbfiech exorbitanten Ausmaßes handelt, kann allenfalls durch lang anhaltendes Kopfschütteln kommuniziert werden.

Immer sind die demonstrativen Kopf-Rotationen aber auch nicht zu empfehlen, wie der Fall des gern pädagogisch tätigen und stets vorschriftsmäßig gemächlichen Autofahrers Werner P. lehrt. Wie fast jeden Tag ist er eines Spätnachmittags im Feierabend-Stau gestanden und hat im Rückspiegel beobachtet, wie sich hinter ihm ein offensichtlich extrem eiliger und spurwechselhafter Verkehrsteilnehmer ständig von rechts nach links, dann wieder von links nach rechts im Schweiß seines Gaspedalfußes nach vorne gearbeitet hat. »Nou isser hinter mir gschdandn«, sagte Herr Werner P. als Zeuge vor dem Amtsgericht, »nerdirli aff drei Millimeter aff miich aufgfoohrn, Brems neig'haut, nou links vorbeizuung und scho widder rechts niiberzuung, haarscharf an mir vorbei. Wenn i nedd vull in die Eisn gschdieng wär, hädds gschebberd.«

Sekunden später das gleiche Manöver: Links, rechts, links, rechts, links, mit dem Ergebnis, dass der Behelfs-Vettel ganz genau 0 Sekunden Zeit eingespart hat, denn nach ungefähr zehn sehr filigranen Überholmanövern ist er wieder Kühlerhaube an Kühlerhaube neben dem Werner gestanden. Und die anschließende Staupause hat der Werner dazu benutzt, dem Zick-Zack-Fahrer Richard W. durch lang anhaltendes Kopfschütteln mitzuteilen, was er von ihm hält. Also blöd wie die Nacht finster.

Zur besseren Verständigung haben beide, der Werner und der Richard, ihre Fensterscheiben runtergelassen. Und der Richard hat die eher medizinisch orientierte Frage gestellt: »Hosd du Barginson, odder wos? Wallsd dauernd middn Kubf wagglsd!« Worauf der Werner erneut seinen Kopf geschüttelt hat. Sei es, dass er die Frage nach einer eventuellen Parkinson-Erkrankung verneinen hat wollen, sei es aus Verwunderung über den fragwürdigen Geistes- und Nervenzustand seines Nachbarn. Noch einmal hat der Werner mit dem Kopf geschüttelt. Einmal zuviel, wie sich Sekunden später herausgestellt hat. Der Richard ist aus seinem Auto katapultartig herausgeschnalzt, nüber zum Nachbarauto gefedert und hat durchs offene Fenster blitzschnell die Ohren vom Werner ergriffen. Und mit den Worten »Edzer bass amol aaf, du Waggl-Daggl, wäi mer ordnungsgemäß sein Kubf schiddld! Nedd suu lahmoorscherd wäi du! Links und rechds und links und rechds und links und rechds!!!« hat er, die Ohren vom Werner wie Zügel verwendend, den Kopf seines Fahrstilkritikers hin und her hupfen lassen, dass es für das Hirn eine wahre Freude gewesen sein muss. Im Takt des Hupkonzerts der hinter den beiden wartenden Autofahrer. »Edzer konnsd glei vollaudomadisch nach hindn schauer, nou braugsd kann

Rückspiegl mehr!«, hat er dazu gebrüllt. »Und edzer widder anderschrum! Wos maandsn, wäi du in Zukumbfd dein Debbnkubf schüddln konnsd! Mid dein Wagglkubf – dou konnsd an Dynamo undern Houd mondiern und Strom erzeung! Und auf geht's! Widder links und widder rechds und widder links!«

Viel hätte nicht gefehlt, sagte der Werner in der Verhandlung, und es wäre ihm der Kopf abgedreht worden. Oder es hätte ihm die Ohren rausgerissen. Mindestens zehn Minuten lang soll der Richard mit dem Kopf vom Werner Karussell gefahren sein. Die Halswirbel seien derart lädiert gewesen, dass er noch zwei Wochen danach seinen Hals überhaupt nicht mehr bewegen habe können.

Während also ein eigenhalsiges Kopfschütteln im Auto erlaubt ist, sind fast 360-gradige Zwangsverrenkungen durch eine andere Person in Tateinheit mit Benützung der Ohren als Haltegriff verboten. Herr Richard W. wurde wegen Erzeugung eines schwindelerregenden Kopfsalats im Straßenverkehr zu neun Monaten Führerscheinentzug und einer Geldstrafe von 1800 Euro verurteilt. »Im Fall, dass Sie des Urteil nicht annehmen«, riet der Amtsrichter dem Richard, »braung S' nix soong, gell. Schütteln S' halt einfach mit'm Kopf.«

Treffer, versenkt

Wenn ein altgedienter Ehemann lebensnotwendige Gegenstände wie zum Beispiel den Bierflaschenöffner, seine 40 Jahre alte Lieblingshose oder einen seiner 25 Akkuwinkelschleifer nicht findet, dann ist in mindestens 100 Prozent aller Fälle die Ehefrau dran schuld. Da hängt dann der sogenannte Ehesegen meistens nicht schief, sondern senkrecht.

Bei dem Ehepaar Gerlinde und Heinz E. hat sich im vergangenen Herbst dieser stets mit größter Vorsicht zu behandelnde Ehesegen auch in einer bedenklichen Schieflage befunden. Zusätzlich zum Ehemann, dessen Schieflage in jener Nacht auf einigen, möglicherweise sogar vielen, aber nicht mehr exakt zu beziffernden Schoppen Wein gefußt hat. Der Heinz hat also, wie man sich denken kann, nicht mehr ganz ordnungsgemäß gefußt, wie er damals das ganze Viertel in große Aufregung versetzt hat. Und auch in diesem Fall muss man leider sagen: Schuld war die Ehefrau, denn zu jenem Jubilarehrungsabend der Firma von Herrn Heinz E. sind die jeweiligen Ehepartner in großzügiger Weise mit eingeladen gewesen.

Der Kenner von Jubilarehrungsabenden weiß, dass solche Feiern im günstigsten Fall aus fünf bis sechs extrem ausgedehnten Reden seitens der Firmenleitung bestehen, Aushändigung einer Urkunde sowie drei weiteren warmen Vergünstigungen: einem warmen Händedruck, einem warmen Abendessen und lauwarmen, meist alkoholischen Getränken. »Es wär«, sagte der Heinz jetzt vor dem Amtsgericht, »es wär ibberhabbs nix bassierd, wenn mei Frau miidganger wär aff unser Jubilarfeier. Obber weecher Kubfweh is dahamm bliem.«

Wäre die Gerlinde also mit auf die Jubilarfeier gegangen, wäre der Heinz 1. niemals auf das stolze Quantum Frankenwein gekommen, hätte es 2. unter keinen Umständen bis früh um halb zwei ausgehalten und wäre 3. nach der nicht ganz problemlosen Heimkehr im Besitz eines Hausschlüssels gewesen. »Wall in Hausschlüssl hodd immer mei Frau derbei. Obber däi hodd ja Kubfweh g'habt, nä. Hobbi glaab i scho gsachd, odder?« Also hat der Heinz, wohnhaft im dritten Stock, damals nachts gegen drei Uhr geläutet. Ungefähr nach dem zehnten Läuten ist neben einigen Nachbarn auch die Gerlinde aufgewacht und hat unten am Gehsteig ihren Mann durch den Schalltrichter seiner beiden Hände schluchzen hören: »Ger–lin-dääää! Ger-lin-dääää! Ger-lin-dääää! Mach hald aaf! Ger-lin-dääää!!!« Worauf die Ger-lin-dääää ihrerseits hinuntergebrüllt hat: »Hosd du gwiss kann Schlüssl derbei?!« Der Heinz nach oben: »Naa!« Die Gerlinde dann: »Warum hosdn kann Schlüssl derbei?« Der Heinz: »Wallin vergessn hob!« Keine Viertelstunde hat die in etwa 100 Dezibel Lautstärke geführte Unterhaltung gedauert – und schon hat die Ger-lin-dääää oben auf den Türöffner gedrückt. Unten hat es gesummt, aber die Haustür ist nicht aufgegangen, da sie laut Hausordnung ab 21 Uhr versperrt sein muss. Der Heinz hat es seiner Frau, für alle Nachbarn wiederum gut hörbar, mitgeteilt: »Ger-lin-dääää! Ger-lin-dääää! Die Hausdiir is zougschberrd! Werf hald in Schlissl roo!« Inzwischen sind im Haus alle Mieter wach und am Fenster postiert gewesen, auch die Mieter einiger Nachbarhäuser, und es haben ungefähr 30 in Nachthemden und Schlafanzüge gewandete Beobachter sehr interessiert verfolgt, wie ein in ein Briefkuvert gehüllter Haustürschlüssel unter dem Warnruf der Gerlinde »Heinzi! Obachd, er kummd!« erst durch die Luft gerauscht und dann knapp hinter der Gehsteigkante in dem dort befindlichen Gully verschwunden ist. Auch ist die gesamte Nachbarschaft Zeuge gewesen, wie der Heinz wieder nach oben geröhrt hat: »Ger-lin-dääää! Der Schlissl is glaab i in Gully neigfluung. Gerlin-dääää! Wos sollin machn?!« Und auf den Befehl von oben »Neilanger, du Depp, und raushulln!« hat es der Heinzi mit Hineinlangen probiert, den Hausschlüssel aber nicht erwischt.

»Ja, und nou«, schilderte Herr Heinz E. das Finale seines Jubilarehrungsabends, »nou hobbi den Gullydeckl rauszuung, hob nern am Gehsteich hiigleechd, bin in den Gully neigrabbld, hob in Hausschlissl gnummer, widder rausgrabbld und hob aafgschberrd. Und im Hausgang hobb i nou g'heerd, wäis draußn aff aamol an Drimmer Schlooch dou hodd. Is a Taxi mid sein Vorderrad in den Gully neigrachd.« Warum er, wollte der Richter wissen, den Deckel nicht wieder zurück auf den Gully gelegt habe? »Ja, wall – asuu a Gullydeckl hodd a Saugwichd, gell. Und mei Frau is ja an den ganzn Deooder schuld gween. Und dou hobbi ihr soong wolln, sie soll den Deckl widder draffleeng. Obber bis i ihrs soong hob kenner, is scho zu schbeed gween.« Wegen gefährlichen Eingriffs in den Straßenverkehr ist Herr Heinz E. zu drei Monaten mit Bewährung und einer Geldbuße von 800 Euro verurteilt worden. Die wahre Schuldfrage aber unterfütterte der Heinz zum Schluss noch mit der verbalen Krönung seiner Frau zur Schlüsselweitwurf-Schützenkönigin: »In ganz Giwidznhuuf hädds in Schlüssl hiischmeißn kenner. Obber naa – sie driffd haargenau innern zwaa Zentimeter breidn Gullydecklschlidz!«

Wilhelm, der Disco-Saurier

Ein Tanzschritt ist eine gefährliche und in vielen Fällen auch schmerzhafte Sache. Schon in der Antike des Tanzsports haben einigermaßen rythmische Körperverrenkungen wie Rumba, Mambo, Foxtrott oder gar Paso Doble zu chronischen Nagelbettentzündungen geführt, zu völlig zermaadschdn Panoramazehen oder Fersentrümmerbrüchen. Vom schwungvoll pirouettierten Wiener Walzer kennen wir den Schwindelanfall, wie man ihn auch nach längerem Aufenthalt in einer Trockenschleuder oder Waschmaschine erleidet.

Wiener Walzer oder Paso Doble gelangen zwar inzwischen in einer herkömmlichen Disco eher weniger zur Aufführung, aber auch bei Rave, House, Techno, Groove und dem dazugehörigen Move darf der Gefahrenquell keinesfalls unterschätzt werden. Auch hätte der möglicherweise leicht viagra- und botoxgeschädigte Discobesucher Wilhelm K. wissen müssen, dass laut Udo Jürgens zwar mit 66 Jahren das Leben anfängt, aber keinesfalls mehr das Überleben in einem Hupfschuppen.

Dass der Wilhelm damals am Türsteher vorbeigekommen ist, war schon ein Wunder. Als fast noch größeres Wunder darf bezeichnet werden, dass er sich nach einigen bahnbrechenden Cocktails vom nordchilenischen Ananasrum mit rotem Pfeffer und Vanillesirup bis zum mongolischen Wodka auf Pfirsichlikör noch eigenfüßig auf die Tanzfläche begeben und dort sogar einigermaßen aufrecht stehen hat können. Über die Auswirkungen jenes bereits erwähnten Move hat der Wilhelm zu dem Zeitpunkt aber noch keine Ahung gehabt. Er ist damals von dem jetzt angeklagten Facilitymanager Thomas M. zunächst gefragt worden, ob er sich vielleicht in seinem

Qualm aus Versehen in der Hausnummer getäuscht hat: »Großvadder, des dou is fei a Disco und nedd die Intensiv-Station! Dass dich ohne Gehwäächala ibberhabbs ausn Altersheim nausglassn hom?!« Der Wilhelm hat die rhetorische Frage dahingehend beantwortet, dass der Thomas seine Waffl halten soll. Danach hat er der momentanen Begleiterin vom Thomas ein bisschen in den stark movenden Ausschnitt gelinst und anschließend einen Tanzschritt ausgeübt, den man mehr als Tanzrieb bezeichnen muss, also Hintern an Hintern und auf und ab. »Und nou«, sagte der Wilhelm vor Gericht, »nou is aff aamol ein Nebel aafkummer aff der Tanzfläche und die Musigg – also a Musigg in den Sinn is des nedd gween, Herr Richter. Ungefähr suu, wäi wenn a boor Panzer durch den Bressluftschubbn durchgfoohrn wäärn. Mit Panzer kenn i mi aus, wall, ich woor in der Bundeswehr ba die Panzerjäächer in Amberch. Obber tanzt hom mir damals nicht, wenn die Panzer kummer sin. Also jedenfalls hodd mir der Kindergarddnzwerch dou bragdisch aus heiterem Himml, also besser gsachd aus heiterem Nebel, hodd der mir anne gschmirgld, dassi bewusstlos umgfluung bin. Mit seiner Panzerfaust.«

Diese Vorwürfe, machte der Thomas geltend, seien ein selten doofes Gwaaf. »Ich hob den Moo ibberhabbs nix dou. Vielleichd, dass des mit mein Muuf zammhängt, odder wos.« Ein Muuf ist ein Move, und bei einem Move wiederum handelt es sich um eine intuitive Körperchoreographie, also um schöne Bewegungen. »Konn sei, dass mer der Graddler vull in mein Muuf neigrennd is.« Weil zum formvollendeten Move oder Muuf natürlich auch die Hände, gegebenenfalls die Fäuste gehören. Und von welcher Art von Move, wollte der Richter noch wissen, seien dann die beidwangigen Doppelschelln gekommen?

»Die Schelln?«, fragte der Thomas. »Ach suu, die Schelln. Ja, des woor Handclapping. Also ich hob ba mein Muuf hald aweng in die Händ gladdschd, und dou hodd nou der Moo aus Verseeng sein Kubf derzwischn g'habt. Des konn immer widder amol bassiern, gell.«

Der Amtsgerichtsrat teilte jedoch die Auffassung des so leidenschaftlich movenden Ravers, dass das immer wieder einmal passieren kann, in keiner Weise. Allerdings war er auch der Meinung, dass 66-jährige Rentner in einer Disco besser nicht die dort dargebotenen Starkstrom-Cocktails eimerweise einpfeifen und anschließend im Halbdelirium mit wildfremden Damen den Arschtanz vollführen sollten. Insofern strafmildernd verurteilte er Herrn Thomas M. wegen unkontrolliertem Muuf in Tateinheit mit Faustschlag und Panoramaschelln zu 30 Tagessätzen à 50 Euro, also 1500 Euro. Schon wieder versöhnlich gestimmt, fragte der Wilhelm den Thomas nach der Verhandlung, ob es vielleicht in der Stadt auch eine Senioren-Disco gebe. »Gloor«, sagte der Thomas, »Immer um Mitternacht am Johannisfriedhuuf.«

Wenn ein Mondkalb Zehennägel schneidet

Beschneidung ist seit einigen Jahren ein heikles Kapitel, es kann vor Gericht enden. Noch heikler wirkt es sich aus, wenn der zur Beschneidung anstehende Delinquent erstens sehr schmerzempfindlich ist und zweitens bei einer Beschneiderin landet, die ihr Handwerk gemäß den überirdischen Vorschriften der Mondphasen ausübt. In so eine doppelt gestellte Falle ist zu Beginn des Sommers der Malermeister Michael R. getappt, buchstäblich, nämlich mit seiner großen Zehe.

Wie man sich jetzt schon denken kann, ist dieser Michael nicht am sonst üblichen Körperteil, dem Schnerbfl, beschnitten worden, was im Alter von 57 Jahren zudem keinen rechten Sinn mehr machen würde, sondern im Nagelstudio der mondsüchtigen Voll-Esoterikerin Thea L. an den Zehennägeln. Zweimal ist der Michael schon vorstellig geworden. Aber es hat der für Zehennägelbeschneidung extrem ungünstige Neumond geherrscht, anschließend zunehmender Mond. »Is ja eingli gloor«, sagte der Malermeister jetzt vor Gericht, »ich hädds mer ja denkn kenner, dass des bloß bei abnehmenden Mond geht. Obber sie hädds mer soong kenner – dass mer bei abnehmendem Mond gleich die ganze Zeher abgnummer gräichd.«

Dazu äußerte sich die Fußpflegerin Thea L. dahingehend, dass der angeklagte Michael R. nicht so unqualifiziert daherreden soll. Sie habe damals schon geahnt, dass es mit dem neuen Kunden Schwierigkeiten gibt. Weil er nämlich wortwörtlich geäußert habe, die Mondphasen würden ihm voll am Arsch vorbeigehen. »Gscheiter is, die Sunner scheint«, soll er gesagt haben, »dass mer wos sehng konn bam Zeherschneidn.«

Außer, dass dem Michael seine Zehennägel infolge Überlänge schon fast aus den nicht gänzlich geruchlosen Socken herausgewachsen wären, ist die Beschneidung zunächst sehr zügig verlaufen. »Bloß die rechte große Zeher hodd nu gfehlt«, sagte der Michael. »Und aff aamol durchzuckt mich ein Schmerz, Herr Richter, suwos hobbi nunni erlebt!« Wie ein Schlag aus einer Hochspannungsleitung hat es ihn blitzartig durchströmt, die Tränen sind ihm vor Schmerzen praktisch waagrecht wie aus einer Wasserspritzpistole aus den Augen geschossen, und weiter unten ist das Blut fontänenartig rausgespratzelt. »Bloud hobbi wäi a Sau. Und wäi ich an meine Fäiß hiischau, wos dou eingli los is, dou hodd mir des Mondkalb mei halberde Koppn wechgschniidn g'habd. Vo der groußn Zeher! Wos soong S'n edzer dou derzou, Herr Richter?«

Der Herr Richter sagte dazu nichts weiter, außer, dass der Michael wegen dem Mondkalb eine Ordnungsstrafe zahlen muss. »Ja und weecher den wahnsinnichn Schmerz«, fuhr der Michael dann fort, »dou hob ich bragdisch einen Defekt gräichd. Odder Affekt odder wäi mer dou sachd. Also hundertfuchzichbrozendich unzurechnungsfähich. Und in den Defekt, dou hobbi der Frau Mond…, ach suu, Mondkalb derf i ja nimmer soong, hobbi ihr anne gschossn. Odder«, zählte er nach kurzer Aufaddierung seiner Defekthandlung nach, »odder es kenner efendwell auch zwaa Schelln gween sei.«

Die Wahrnehmungen der Thea sind aber ganz andere gewesen. Bei abnehmendem Mond, da habe sie sich getäuscht, solle man besser doch keine Zehennägel schneiden, vor allem nicht im Zeichen des Elementes Feuer. Vielmehr würden sich bei dieser Konstellation eher Eingriffe an Leber, Oberschenkel oder Harnleiter empfehlen. Auch für Holzhacken, Bettenlüften und Kirscheneinwecken seien die Voraussetzungen an diesem Tag sehr günstig gewesen. »Obber trotzdem«, sagte sie, »hätt ich kein Problem g'habt, dass i den Moo seine Nägl schneid. Mer muss si hald mehr konzentriern wie normal, nä.« Und fügte dann noch hinzu: »Konzentriern Sie sich amol auf's Näglschneidn, Herr Richter, wenn S' an Kundn hom, der wo si scho seit an halb'n Jahr seine Füß nimmer gwaschn hodd!« Und zudem habe Herr Michael R. ausgerechnet im Moment der diffizilen Beschneidung des großen Zehennagels derartig mit dem Fuß geschnalzt, dass sie sich leider ein bisschen verschnitten habe. Aber allerhöchstens einen Millimeter tief, von Blut keine Spur, schon gleich gar nicht wie bei einer angestochenen Sau. »Und es woorn nedd zwaa Schelln, sondern vier. Drei Dooch lang hobbi zwaa gschwollne Backn g'habt!« Eine entsprechende fotografische Aufnahme mit Datumeindruck legte sie dem hohen Gericht vor.

Die Beweislage war eindeutig, der Malermeister Michael R. wurde wegen Körperverletzung zu einer Geldstrafe von 2 400 Euro verurteilt. »Dankschön, gell!«, sagte der Michael in seinem Schlusswort zum Richter und wandte sich dann an die Monddeuterin: »Obber ans mäin S' mer edzer nu ergläärn – Sie hom drei Dooch lang aufgschwollne Backn g'habt. Bei abnehmenden Mond? Dou konn wos nedd schdimmer, odder? Aff den Foto hom S' doch a Gsicht g'habt wäi a Vollmond …«

Das eierlikörflaschenförmige Gewissen

Wo das gute Gewissen seinen Sitz hat im menschlichen Körper, weiß niemand. Aber zweifellos verfügt es über ein Dasein. Und man kennt seit geraumer Zeit seine äußere Form: rechteckig und pro Eck mit je einem Zipfel ausgestattet, gemäß der alttestamentarischen Überlieferung »Ein gutes Gewissen ist ein sanftes Ruhekissen«. Sein Gegenteil, das schlechte Gewissen, kann von der äußeren Gestalt her mit einem Stummelschwanzhörnchen oder aber mit der Graumulle, beide, wie man weiß, Nagetiere, verglichen werden. In stillen Stunden nagt es in einem. Und zwar so lange, bis es aufhört. Danach löst es sich womöglich in Luft auf, dann spricht der Kenner menschlicher Seelen von Gewissenlosigkeit. Die Grenzen sind fließend.

Frau Margarete B., Inhaberin eines schlechten Gewissens, hat nach etwa halbjährigen Gemütsqualen endlich wieder einmal gut und sanft schlafen wollen und hat infolgedessen ihre Vermieterin, Frau Mathilde F., erst bei der Polizei und jetzt erneut vor dem Amtsgericht verpfiffen.

»Schuld is nerblouß der Eierlikör«, sagte die Margarete jetzt vor Gericht aus, »sunsd wär des middn Erich doch alles nedd bassierd.« Mit dem Erich und dem Eierlikör hat es sich folgendermaßen verhalten: Herr Erich G. wohnt ebenfalls im Haus der Mathilde F., ist der Hausbesitzerin aber wegen seiner sehr deutlichen Aussprache gewissermaßen ein Dorn im Ohr, und eines trüben Nachmittags hat die Mathilde die Margarete ohne zunächst ersichtlichen Grund auf ein bis zwei Gläslein Eierlikör zu sich in die Wohnung eingeladen. »Und dou hodds mi nachn drittn Eierlikör gfrouchd, ob ich nu an viertn Eierlikör mooch. Und an fünftn glaab i aa. Und nachn siebtn Eierlikör, soll's der achte gween sei, frouchd mi unser Vermieterin, ob ich ihr des schriftlich geem konn. Nou hobbi gfrouchd, wos schriftlich? Und nou hodds mer numol an Eierlikör eigschenkt und nocherdla hodds gsachd, dass sie doch mei Nachber, der Herr G., dass sie der vurche Wochn die Drebbn noogschubsd hodd. Und ich bin doch Augenzeuge.« Eierliköre, zumal in neun- bis zehnfacher Dosis, sind offenbar himmlische Getränke, sie können Wunder wirken. Bei der Margarete haben sie das Wunder bewirkt, dass sich die Untermieterin plötzlich ganz genau erinnern hat können, wie der Erich die Frau Hausbesitzerin die Treppe hinunterge-schubst hat. Und zwar mit den Worten: »Bisd gwiss scho widder bsuffn, alte Schnapsdrossl?«

Vielleicht eine Stunde vorher, noch ohne Eierlikör, hat die Margarete von einem derartigen Vorfall nicht den kleinsten Schimmer gehabt. Hat sie auch nicht haben können, da der Treppenschubser nachweislich niemals stattgefunden hat. Besonders lang hält aber die Wirkung von Eierlikör nicht an. »Obber«, sagte die Margarete, »Ich hobs ja unserer Hausbesitzerin schriftlich geem g'habt, dass der Herr G. sie die Drebbn noogschmissn hodd. Und jeeds mool, wennis gfrouchd hob, ob ich den Zeddl numol seeng kennd, wou is draffgschriem hob, und dass des doch alles goornedd schdimmd, hodds mer widder an Eierlikör eigschenkt. Odder zwaa.« Zwischen den Eierlikörpausen ist dann allerdings immer häufi-ger das erwähnte schlechte Gewissen in Kraft getreten. »Und wäi nocherdla der Herr G. eine Zwangsräumung gräichd hodd weecher den Drebbnschubserer und er mich gfrouchd hodd, warum dass ich aff den Zeddl die Unwahrheit draffgschriem hob – dou hobbis nou nimmer ausg'haldn. Und nou hobbi ba der Bollizei die Wahrheit gsachd. Ohne Eierlikör, fei, gell!«

Die Hausbesitzerin Mathilde F., offenbar nicht im Besitz eines Gewissens, dafür aber der deutschen Höchstsprache mächtig, blieb dabei: »Hoches Kericht, ter Herr F. hat mich die Treppenstefferlein hinap keschleutert, tass ich peinahe dötlich kestürzt wäre. Unt ich pin keine Schnapstrossel!« Tas hoche Kericht klaubte ihr kein Wort. Frau Mathilde F. wurde wegen Nötigung und versuchter Eierlikörvergiftung zu acht Monaten auf Bewährung und zwölf Wochen gemeinwohltätiger Arbeit verurteilt, Frau Margarete B. wegen ihrer weitgehend likörbedingten Falschaussage zu drei Monaten mit Bewährung und einer Geldbuße von 1800 Euro.

Und als Nebenprodukt des Mieterprozesses weiß die Wissenschaft der Innersten Medizin jetzt auch, dass ein gutes Gewissen nicht ausschließlich rechteckig und vierzipflig, sondern manchmal auch eierlikörflaschenförmig ist. Die Hausinhaberin Mathilde F. als Stummelschwanzhörnchen oder Graumulle zu bezeichnen, wäre hingegen absurd, da in ihr nichts nagt. Vor allem kein Gewissen.

Roh zu sein, bedarf es wenig

Nur noch wenige Zeitzeugen wissen es – dass das unter anderem auch zum Verzehr geeignete Sushi seinen Ursprung nicht in China oder Japan hat, sondern mitten in Mittelfranken. Urkundlich erstmals erwähnt in den Fünfzigerjahren des 20. Jahrhunderts, wo für das möglichst schnelle Hinunterschlucken etwa einer Kaulquappe im Rohzustand Prämien bis zu 10 D-Pfennigen der damaligen Währung entrichtet worden sind. Prinzipiell sind die Speisen im Sushi-Wesen bis heute die gleichen geblieben, allerdings erhält man für das hastige Hinunterwürgen der Köstlichkeiten keine Prämien mehr. Im Gegenteil muss man dafür zahlen, teilweise Summen in horrender Höhe.

Im Amtsgerichtsprozess gegen den Feinschmecker Konrad W. ist man jetzt in die Ursprungszeiten des mittelfränkischen Sushi wieder ein bisschen eingetaucht. »Ich nimm oo, Herr Gerichtsdireggder«, eröffnete der wegen verschiedener Delikte angeklagte Herr W. seine Verteidigungsrede, »ich nimm oo, dass Sie dou nu goornedd aff der Welt gween sin, wäi mir damals fiir a Fimbferla odder Zehnerla an Maierkäfer in Kubf abbissn hom. Odder an Reengwurm noogschluggd. Odder Kalchwabbn gfressn.« Was »Kalchwabbn« sind, wollte der Richter wissen. »Ner dou schau her!«, entrüstete sich der Konrad, »nedd amol Kalchwabbn kenner Sie! Des sin Frösch, wenns nu kanne Frösch sin. Erschd Fruuscheier, nou Kalchwabbn, nou Frösch, nou Hiidschn. Wass doch a jeder. Woorn Sie nedd in der Schul?«

Wie dann geklärt war, dass es sich bei Kalchwabbn selbstverständlich um Kaulquappen handelt, fügte der Konrad noch hinzu, dass es einen damals bei der Einnahme einer Lebend-Kaulquappe gegraust hat bis dorthinaus. »Und edzer gräigsd du des Schwabblzeich, des greisliche, innern Werzhaus als Oomdessn hiigschdelld! Rohe Fiisch! Ja, dou konn i doch glei mein Kubf inner Agwarium neihaldn. Nou mach i es Maul aaf und lou mer zwaa, drei Guppy in die Goschn neischwimmer!« Weitere abträgliche Bewertungen zum Thema Sushi verbat sich der Richter. Vielmehr möge sich der Konrad zu den befremdlichen Vorgängen jenes Sushi-Essens im vergangenen Herbst äußern.

Damals ist Herr Konrad W. mit zwei Freunden auf einem stark mäandernden Bierwandertag unterwegs gewesen, und gegen Mitternacht habe einer der drei schwankenden Gichtmasten vorgeschlagen: »Edzer gemmer nu aff a Sushi.« – »Und dou«, sagte der Konrad, »dou hob ich irrtümlich verstanden, mir gänger nu aff a Uschi. Bin i nerdirli miidganger. Und schdadds ba dera Uschi bin iich nou innern Werzhaus g'hockt mit suu dibedanischer Demblmusigg und vuur mir a boor Schdiggla roh's Fleisch. Middern Doofu odder wos des gween is und an Schdamberla Jasmin-Tee!«

Gegenüber vom Konrad ist damals Herr Jürgen B., ein intimer Kenner ostasiatischer Genüsse, gesessen und hat seinem Nachbarn in blumigen Worten auseinandergesetzt, dass er, der Konrad, ein verabscheuungswürdiger Ignorant ist, der nicht den Hauch einer Ahnung hat, wie ein Jasmin-Tee unter anderem die Zunge umschmeichelt in der Art eines linden Mailüftchens. Darauf hat der Konrad geäußert: »Du konnsd mi aweng am Oorsch leckn! Wos maandsd'n, wos dou nou fiir ein lindes Mailüftchen dei Zunger umschmeichelt!« Und zur Untermalung seiner Einladung hat Herr W. einen Streifen rohen Fisch ergriffen und ihn auf Herrn B. gummischleuderartig geschnalzt. Dabei hat er gejuchzt: »Fressn kommers nedd, obber zum Schnalzn gengers einmalich, däi Suschi!«

Einige Bällchen und Röllchen und Knöllchen sind dann auf der Decke gelandet und dort infolge ihrer Klebfähigkeit hängen geblieben, der Rest der Fischstreifchen ist anschließend wieder Herrn B. katapultartig um die Ohren geflogen. »Dou hom dann«, erinnerte sich der Konrad jetzt, »dou hom dann fliegende Fische sein Kubf aweng umschmeichlt.« Und fuhr fort: »Mit den Jasmin-Tee, dou konn i nix derfiir. Den hobbin aus Verseeng iiber die Huusn gschidd g'habt. Obber dadurch is sei Schnerbfala aa aweng umschmeichlt worn.« Und warum er die Rechnung in Höhe von 28,50 Euro nicht bezahlt habe, fragte ihn der Richter. »Wall i nix gessn und nix drunkn hob«, antwortete der Konrad, »hobbi ja alles den Moo niibergschnalzt. Und aff die Deckn naaf.« Wegen Körperverletzung, Beleidigung und Zechbetrug wurde Herr W. zu einer Geldstrafe von rund 3000 Euro verurteilt. Und zum Thema japanische Rohkost, Kaulquappen und Maikäferköpfe resümierte der Konrad abschließend: »Es aanziche, wos ich heizerdooch nu roh nunderbring, des sin rohe Gniedla. Und däi aa bloß mit vill Sooß und Schaifala.«